Ernst aus`m Weerth

Kunstdenkmäler des christlichen Mittelalters in den Rheinlanden

Ernst aus`m Weerth

Kunstdenkmäler des christlichen Mittelalters in den Rheinlanden

ISBN/EAN: 9783742895837

Hergestellt in Europa, USA, Kanada, Australien, Japan

Ernst aus`m Weerth

Kunstdenkmäler des christlichen Mittelalters in den Rheinlanden

KUNSTDENKMÄLER

DES

CHRISTLICHEN MITTELALTERS

IN DEN RHEINLANDEN.

―――――

HERAUSGEGEBEN

VON

ERNST AUS'M WEERTH.

ERSTE ABTHEILUNG:

BILDNEREI.

DRITTER BAND.

BONN,
MAX COHEN & SOHN.
1868.

Vorwort.

Behinderungen aller Art: wiederholte längere Kränklichkeit, anderweitige Beschäftigungen, der Tod des einen, die Untreue des andern Zeichners inmitten begonnener Arbeiten und damit der Verlust mühsam zusammen gebrachter Notizen, haben die Ausgabe dieses Bandes, mit welchem die Abtheilung der Bildnerei vorläufig schliesst, ungebührlich verzögert.

Die Gründe, aus welchen über Cölns Denkmäler hinweggegangen und Aenderungen im Plane überhaupt vorgenommen wurden, näheres Eingehen auf das von einer meist zu anerkennenden Kritik Vorgebrachte, endlich Nachträge an Denkmälern und Nachrichten über solche, sind die in ihrem ersten Hefte baldigst erscheinenden Supplemente zu bringen bestimmt. Gleichzeitig mit diesen und hoffentlich in Jahresfrist soll der erste Band der Abtheilung der Malerei, die Wandgemälde von Brauweiler und Schwarzrheindorf umfassend, zur Veröffentlichung gelangen.

Kessenich bei Bonn im Herbst 1868.

Ernst aus'm Weerth.

GRAEFRATH.

Ehemaliges adeliges Frauenstift bei Solingen, 1185 an der Stelle einer durch mehrfache Wunder ausgezeichneten Capelle gegründet, und seit dem Anfange des 14. Jahrhunderts berühmt durch eine Reliquie der h. Catharina, aus welcher angeblich zeitweise eine wohlriechende Flüssigkeit ausströmte.[1]

Taf. XLI.

1.

Altarkreuz in $\frac{1}{4}$ der natürlichen Grösse aus dem 15. Jahrhundert. Der achteckige mit Laubwerk ciselirte Fuss besteht aus vergoldetem Messing, das Kreuz aus vergoldetem Silber. Die Vorderseite enthält in der Mitte unter einem Glasverschluss in Kreuzform einen Splitter des Kreuzes Christi, in den drei obern Kreuzarmen in runden mit Glas bedeckten Medaillons andre Reliquien, wahrscheinlich des h. Sebastian, da um den Knauf die Inschrift läuft: *Sancte Sebastiane ora pro nobis.* Zum besondern Schmucke gereicht dem schönen Kreuze ein älterer, in Chalcedon geschnittener, ungefähr 3" im Durchmesser haltender und $1\frac{1}{4}$" vorragender Löwenkopf am untern Kreuzarme. Auf der Rückseite befinden sich in zarter Gravur auf vergoldetem Silberblech in der Mitte Christus am Kreuze, in den Enden der Kreuzarme die Symbole der vier Evangelisten.[2]

2.

Monstranz, im Zweieck angelegt, von vergoldetem Silber, in $\frac{1}{4}$ der natürlichen Grösse, aus dem 14 Jahrhundert. Der sechseckige Fuss, das bekrönende Kreuz und die emaillirten Rosetten sind erneut.

3.

Ostensorium aus vergoldetem Silber, im Dreieck angelegt, in $\frac{1}{4}$ der natürlichen Grösse, vom Ende des 14. Jahrhunderts. Ueber dem Glasbehälter erblickt man die Statuette der h. Barbara, am untern Einfassungsrande desselben drei Wappen, nämlich: 1) dasjenige des Her-

---

1. Lacomblet, Urkundenbuch I. 497 u. 503. Gelenius in hist. Engelberti p. 265. Binterim u. Mooren, Erzdiöcese I. 86. Floss, Geschichtl. Nachr. über die Aachener Heiligthümer, p. 158.
2. Derartige in Edelstein geschnittene meist antike Köpfe an Werken der romanischen Kunstperiode sind nicht selten. Wir erinnern uns sie gesehen zu haben an einem Vortragekreuze, angeblich aus dem Domschatze zu Basel stammend, in der Sammlung des Prinzen Carl von Preussen zu Schloss Glienicke bei Potsdam; im Musée Cluny zu Paris, abgebildet bei Sommerard: Les arts du moyen age Chap. XI. Pl. L. Nr. 1; am Reliquiar Otto I. zu Quedlinburg; zu Aachen u. Cornelimünster Taf. XXXIX. 1 u. Taf. LI. 1 etc.

zogthums Geldern, ein nach links springender gekrönter goldner Löwe im blauen Felde.
2) Ein viergetheiltes Schild, worin schräg übereinander zwei Felder die bayerische Raute
und zwei Felder einen nach rechts springenden ungekrönten goldnen Löwen in rothem Felde
zeigen. 3) Im goldnen durch einen rothen wagerechten Balken getheilten Felde oben zwei,
unten ein rother Ring. Nach gefälliger Mittheilung Fahne's gehört das zweite Wappen den
kinderlosen Eheleuten Herzog Eduard von Geldern († 1372) und Catharina von Bayern an;
das dritte der niederrheinischen Familie von Calcum. Auf dem sechseckigen mit Gravuren
verzierten Fusse befindet sich ein rothes Wappenschild mit drei silbernen Lilien, welches
dem der Familie von Bianco entspricht.[3]

4.

Kleines Reliquiar in Form einer von zwei Engeln emporgehobenen Monstranz, in natürlicher Grösse. 16. Jahrhundert. Der Fuss, einen Wiesenboden nachahmend, grün emaillirt.

5.

Ostensorium in $\frac{1}{3}$ der natürlichen Grösse aus vergoldetem Silber, welches die früherhin
durch ihre Wunderthätigkeit berühmte Reliquie der h. Catharina enthält. Der im Dreiblatt
angelegte, mit getriebenem Weinlaub verzierte Fuss trägt dreimal dasselbe Wappenschild,
nämlich ein Feld mit 3 schwarzen und 2 silbernen Schrägbalken mit einem rothen Turnier-
kragen. Dies Wappen gehört dem Geschlechte Aldenrode an.[4]

6.

Ostensorium in $\frac{1}{3}$ der natürlichen Grösse von vergoldetem Kupfer.

7.

Silbernes Ostensorium in $\frac{1}{3}$ der natürlichen Grösse.

8.

Reliquiengefäss aus grünlichem Glase, in $\frac{1}{3}$ der natürlichen Grösse, von silbervergoldeten Reifen umfasst und mit ebensolchem Verschluss versehen. Gemäss dem Inhalte des
Gefässes, Flüssigkeit aus der wunderthätigen Reliquie der h. Catharina, bekrönt die Spitze
des Behälters die silberne Statuette dieser Heiligen, ehemals, eine jetzt nicht mehr vorhandene, kleine Palme tragend. Am Halsverschlusse befinden sich zwei Wappen. Das eine
zeigt im rothen Felde einen horizontalen doppelt gezinkten silbernen Balken; das andre im
silbernen durch einen schwarzen horizontalen Balken getheilten Felde in der obern Hälfte
zwei, in der untern einen nach links gekehrten rothen Löwen. Das erste Wappen gehört
der Familie von Nesselrode, das zweite derjenigen Nyt von Birgel an, welche beide im
15. Jahrh. mehrfach sich durch Heirathen verbanden.[5]

9.

Spätgothisches Rauchfass von Silber in $\frac{1}{3}$ der natürlichen Grösse.[6]

---

3. Fahne, Geschichte d. Cölnischen etc. Geschlechter, I. p. 30.
4. Fahne, Geschichte d. Cölnischen Geschlechter, I. p. 4.
5. Fahne I. Taf. IV. 167. p. 385 u. 330.
6. Ausser den hier aufgeführten Gegenständen besitzt die Kirche von Gräfrath noch einen
   kupfernen Weihkessel gleich dem auf Taf. L, aber ohne Wappen, sowie mehrere andere

BAYENBURG.

Ehemaliges am Ende des 13. Jahrhunderts gegründetes Kreuzbrüderkloster bei Barmen im Wupperthale.

10. 10 a.

Standleuchter von Schmiedeeisen vom Ende des 15. Jahrhunderts im Maassstabe von 1 : 12.

ALTENBERG.

Ehemaliges Cisterzienser-Kloster an der Dhün im Herzogthum Berg, wurde von den Grafen Everhard und Adolf von Berg in den Gebänden der gräflichen Burg 1133 gegründet, [1] dann bald darauf von der Berghöhe herabgelegt und die 1147 vom Erzbischof Arnold von Cöln geweihte und noch vorhandene Marcuscapelle für den Gottesdienst gebaut, der dann ein zweiter grösserer romanischer Kirchenbau [2] und bald darauf die jetzige prachtvolle gothische Kirche folgte. Letztere ward 1255 begonnen und mit Herbeiziehung allgemeinster Theilnahme [3] bis gegen 1398 durch Bischof Wichbold von Culm, der das grosse Fenster über dem Westportale stiftete, ausgebaut. [4] Das erst in diesem Jahrhundert zerstörte, ausgeraubte und endlich durch die Munificenz des Königs Friedrich Wilhelm IV. wiederhergestellte Gotteshaus enthielt seiner Zeit 24 Altare, Kunstwerke und Kostbarkeiten aller Art, die zum Theil der Kunstthätigkeit des Klosters angehörten.

11. 12.

Reste gravirter, nunmehr verloren gegangener Metallplatten, offenbar von zwei Grabdenkmälern herrührend, wiedergegeben nach den im Cölnischen Museum aufbewahrten Original-Abklatschen. Das Wappen von 12 dürfte den Dynasten von Tecklenburg oder Engern angehören, soweit sich beim Mangel der Farben dies bestimmen lässt. Die Grösse der Platte 11 misst ungefähr 3¼' in der Höhe, die Platte 12 im Gevierte 20".

13. 13a

Grabdenkmal aus Sandstein des 1348 gestorbenen Grafen Adolf VIII. von Berg, genannt „die Blume des Ritterthums". Das unter dem Abte Ludwig gleich nach dem Tode des

---

spätgothische Gefässe untergeordneten Werthes, unter denen ein wahrscheinlich aus Resten mehrerer Gefässe zusammengesetztes Ostensorium mit sechs gothischen Emaillebildchen Christi und fünf Heiliger erwähnt sein mag. Das ehemals hier befindliche Grabdenkmal des Grafen Adolf VII. von Berg ist nicht mehr vorhanden.

1. Mering, Geschichte der Burgen, Rittergüter u. Klöster, I. p. 54. Schimmel, die Abtei Altenberg, 1833 Boisserée, Denkmale der Baukunst am Niederrhein. Domblatt 1843, Nr. 32 u. 33. Lersch, Niederrhein. Jahrbuch, I. p. 245. Organ für christl. Kunst, VII. p. 26 ff. Benzenberg, Provinzialverfassung II. v. Zuccalmaglio, Altenberg, Barmen 1836. Montanus, das Kloster Altenberg, Solingen 1838.
2. Jahrbücher d. Vereins v. Alterthumsfreunden im Rheinlande, X. p. 142. Taf. III.
3. Lacomblet, Urkundenb. II. 574.
4. Vergl. Anmerkung 10.

1*

Grafen errichtete Denkmal misst 10′ Länge, 5′ 4″ Breite und 3′ 2″ Höhe und erlitt 1821 durch den Herabsturz des Chorgewölbes eine theilweise Zerstörung, so dass das Bildwerk über dem Haupte der Hauptfigur nur noch theilweise vorhanden ist. Im Giebelfelde befanden sich zwei Engel, welche in einem Tuche die in der Höhe von einem dritten Engel gekrönte Seele des Verstorbenen in Gestalt einer kleinen menschlichen Figur emportragen (vergl. Taf. XLII. 2), zu jeder Seite des Giebelfeldes ein aufrecht knieender Engel, deren Reststücke in unsrer Abbildung ersichtlich sind. Auf dem Monumente selbst befand sich keine Inschrift; eine solche war nach Jongelinus [5] nebst dem geschmückten Helm und den Waffen des Grafen auf einer Holztafel am nächsten Pfeiler aufgehängt.

14. 14a.

Grabdenkmal von Sandstein des 1200 in Altenberg gestorbenen Erzbischofs Bruno III., gebornen Grafen von Altena-Berg, dasselbe war früher polychromirt und misst 9′ 2″ in der Länge, 4′ 1″ in der Breite und 3′ 8″ in der Höhe. [6]

Taf. XLII.

1.

Spätgothisches, im Sechseck construirtes steinernes Sacramentshäuschen, zwischen 1467 und 1490 vom Abte Arnold errichtet. Das eigentliche Gehäuse ist mit den Statuetten der 12 Apostel geschmückt. Die Höhe beträgt ungefähr 36′.

2.

Grabdenkmal aus Sandstein des 1359 auf dem Turnier zu Schleiden gefallenen Grafen Gerhard I. von Berg und Ravensberg und seiner 1389 verschiedenen Gemahlin Margaretha. [7] Dasselbe ist 12′ 7″ lang, 7′ 8″ breit, 4′ hoch, zeigt fast denselben Aufbau wie die beiden vorigen Grabdenkmäler (13a und 14a) und wurde (wahrscheinlich doch mit späterer Hinzufügung der weiblichen Statue) von der Gräfin Margaretha ihrem vorangegangenen Gemahl errichtet. Ergänzend zu dem auf unsrer Abbildung Ersichtlichen sei bemerkt, dass die Gräfin an ihrem Gürtel Schlüssel, der Graf um das in der Mitte gescheitelte Haar ein mit Rosetten geziertes Stirnband trägt. Er erscheint ohne Waffen, mit reichem an der Brust mit zwei Ketten befestigtem Wehrgehänge und grossen umgeschnallten Sporen, auf welchen die sonst freischwebenden Beine des Denkmals aufruhen. Die Doggen zu Füssen Margaretha's tragen Schellen am Halse. Gerhards Helm und Waffen nebst der auf einer Holztafel befindlichen Grabschrift, [8] die sich am nächststehenden Kirchenpfeiler befanden, sind verschwunden.

---

5. Jongelinus, notitiae abbatiarum ordinis Cistorciensis lib. II. p. 20. Die offenbar aus späterer Zeit herrührende Inschrift, die etwa 80 Zeilen enthält und in einem höchst schwülstigen Stile geschrieben ist, unterlassen wir hier wiederzugeben. v. Zuccalmaglio in seinem Kloster Altenberg von 1836 S. 136 und in der unter dem Namen Montanus erschienenen Ausgabe von 1838 S. 149 hat beide Male nur willkührliche Abkürzungen der Inschrift.

6. Montanus, p. 123. Jongelinus, not. lib. II. pag. 16.

7. Montanus, p. 18 u. 134. Jongelinus, l. c. pag. 22 u. 23 sub XXVII.

8. Die Grabschrift, die gleichfalls aus späterer Zeit stammt, findet sich vollständig bei Jongelinus l. c. p. 22, bei v. Zuccalmaglio, Altenberg, 1836. S. 154. Montanus, 1838. S. 135.

3.

Messingene Grabplatte des 1475 gestorbenen Herzogs Gerhard II. von Jülich und Berg, Grafen zu Ravensberg, messend 11′ 3″ und 5′ 9″ und aus 12 kleinern Platten zusammengesetzt. Die Grabplatte liegt auf einem nur 1′ hohen Steinsockel und ist so gearbeitet, dass der schraffirte Grund tiefer liegt, als der figürliche Schmuck. Das Wappenschild combinirt Jülich, Berg und Ravensberg. Die deutsche Inschrift lautet: [9]

Nach Cristi geburt dusent vierhundert jair
Vunff un sevetzig darzo, dat is wair,
in deme augst up den neyntzeenden dach
neumpt war wat doe geschach:
der durchluchtige und hoegeboren
hertzouch und furste von gode erkoren
Gerart, hře zo Gulich und zo de Berghe
und darzo greve zo Rauensperghe
besloss syn leven und ende,
upgaff in des vaders hende
synen geist und seele
as sulchs zo Lullstorff gevelle
der syn lande, lüde nnd undersaissen
in synen leven vredeliche regierde boeuen maissen

as ein lew stolz und menlich was hee altzyt gesynt
synen viende zo krencken sich yn der wairheit befint
eyn leiffhauer aller geistlichheit
eyr guet zo beschirmen was hee bereit
guetlich zo sprechen was syn munt
zu eyme yeden in aller stunt
Oulde und gunstich was syn leven
steidtz bereit was hee zo geven
yemantz zo krenken an syn ere
we ym geweist sere
Unmeir rechtverdich waerafftich nnd geloefflich
yn allen sachen was hee unbedaechlich.
dess licham hie unden licht begrauen
O got willt synre gedechtnysse hauen
und durch dyne bitter passie und pyn
gnedentlich vergeven die sunden syn.

Am Grabe Gerhards befindet sich ein 10′ hoher Standleuchter von Kupfer mit rundem Teller, Fuss und 5 mal beringtem Schaft.

4.

Metallne Grabplatte des 1398 gestorbenen Bischofs Wichbold von Culm, eines Cölner Patriziersohnes,[10] der später als Bischof von Culm auf sein Besitzthum resignirte uud in das Kloster Altenberg eintrat, dasselbe reich beschenkte, seinen Kirchenbau förderte und mit dem herrlichen Fenster der Westseite abschloss. Das Grabdenkmal befand sich bis zum Brande der Kirche 1815 insammt eines zu seinen Häupten stehenden grossen Messingleuchters in Form einer Salvatorbildsäule oder eines Kreuzes in der Mitte des hohen Chores auf einem 3′ hohen, ringsum mit Darstellungen der Passion bemalten Fuss,[11] wurde aber dann entwendet und eingeschmolzen. Ein glücklicher Weise vor der Zerstörung genommener Abklatsch befindet sich im Museum zu Cöln. Die Grösse der anscheinend aus einem Stück bestehenden Platte beträgt 10′ 7″ in der Länge, $6\frac{1}{4}$′ in der Breite. Die eingegrabenen Umrisse und rauh ausgetieften Gründe dürften analog den Emailleconturen früherhin durch einen farbigen Kitt ausgefüllt gewesen sein.[12] — Zwischen den Füssen des in seinen Pontificalgewändern

9. Ohne Inschrift abgebildet bei Schimmel; vergl. Kugler, kl. Schriften, II, 327.

10. Die päbstliche Confirmationsbulle nennt ihn Wicbold von Velstey, der Schematismus der Geistlichkeit des Bisthums Culm, 1848, p. 4. Dobelstein. Die Wappen der letztern Familie (Fahne, Cöln. Geschl. I, 79) sind aber andre. Die Inschriften bei Jongelinus, II. p. 32.

11. Jongelinus, II. p. 24. Montanus, p. 151. Domblatt 1863. Nr. 219; Abbildung der Grabplatte ohne Inschrift bei Schimmel.

12. Man vgl. Sotzmanns Besprechung dieser und der vorigen Grabplatte p. 495 in Raumers histor. Taschenbuch für 1837.

dastehenden bärtigen Bischofs sehen wir dessen Wappenschild, umgeben von Jagdscenen. In dem von links nach rechts im Abdrucke aufsteigenden Schrägbalken des horizontal schraffirten Schildes befinden sich drei kleine viereckige Würfel, welche durch Doppelringe die Zahlen 4. 5. 6. darstellen. Dieses Familienwappen Wichbolds kehrt zwei Mal in der Mitte des Rahmens der Langseiten mit andrer Schraffirung wieder. An den vier Ecken des letztern wiederholen sich zwei Wappenschilde mit einem aufrecht stehenden silbernen Kreuze, zwei mit einem schwarzen Kreuze in schwarzem Ringe. Die Schilde dieser Eckwappen sind abwechselnd schraffirt und punktirt. Die den Rand der Platte einnehmende Inschrift, welche wir bei der starken Verkleinerung der Abbildung auf dieser wegliessen, lautet aufgelöst:

✝ Anno dm̄i M. CCCXCVIII die XXI mensis Julii obiit venerabilis in Christo
pater et dn̄s Wycboldus, episcopus Culmensis, cuius nativitatis et
consecracionis in episcopum tempora sequenti metro annotantur:

> Ecce ver et lilium me mundi sub Polyearpo
> Duxit in exilium qui mente polum modo carpo
> Desino defunctus, proprio bis nomine functus
> X ter et I iunctns pietate Dei sacer unctus
> Terrae terrenum reddens, sed spiritus illum
> Cernat tranquillum, qui sit sibi vivere plenum.

5. 5 a.

Anmuthige Darstellung der Verkündigung in zwei runden, ehemals polychromirten, ungefähr 5′ hohen Steinfiguren über dem Westportal. [13]

DEUTZ.

Heribert, Erzbischof von Cöln, stiftete unter Beihülfe Kaiser Otto III. in dem seiner Metropole gegenüber liegenden *castro diritensium* [1] 1003 eine Benedictinerabtei [2], in welcher

---

13. Viele im Anfange dieses Jahrhunderts noch in Altenberg gewesene Denkmäler sind nunmehr verschwunden oder zerstreut. Das Grabdenkmal Wilhelm I. († 1308) und seiner Gemahlin Irmgard von Cleve, eine Schieferplatte mit den in weissem Marmor musivisch eingelegten Figuren, ist noch vorhanden, indess zu zerstört, um abbildlich gegeben zu können. Ob im Fussboden der Marcuscapelle noch die älteren Grabsteine der ersten Aebte (Montanus, p. 10) vorfindlich, lässt sich nicht entscheiden, da derselbe zu industriellen Zwecken eine Ueberdeckung erfuhr. Die Doppelstatue der Madonna im Chore, von welcher Kugler (kl. Schriften II. 271) berichtet, scheint verschwunden. Nach Düsseldorf kam das II. p. 54 unseres Werkes erwähnte Adlerpult, welches Abt Rodekoven giessen liess (Montanus, p. 21), Inful und Stab, Arbeiten des 18. Jahrh., werden ebenfalls in Düsseldorf in der Lambertikirche aufbewahrt. Angeblich auf Schloss Fischbach in Schlesien sollen sich die Chorstühle befinden. — Von kleinern Kunstdenkmälern der Umgegend seien drei auf Säulen ruhende, dem wiederholt vorgekommenen Typus ähnliche romanische Taufsteine in Odenthal, Bensberg und Herkenrath und ein gothischer Kelch zu Wipperfürth (Organ für christl. Kunst, 1859. p. 211) erwähnt.

1. Jahrb. d. Ver. v. Alterthumsfr. im Rheinl. VII. p. 163 und XV. p. 1.
2. Vita Heriberti apud Pertz Script. IV. p. 740. Gelenius de magnitudine Col. p. 380; Kremer, Beiträge, III. B. S. 13 und Binterim u. Mooren, I. p. 312; Lacomblet, I. 136—41. Zeitschr. für westphäl. Gesch. X. p. 1. u. s. w.

der berühmte Stifter begraben wurde und daselbst nunmehr in dem nachbeschriebenen herrlichen Schreine ruht.

6. 6a. 6b.

Obertheil des Stabes des h. Heribert in natürlicher Grösse in jener ältern Form der bischöflichen Hirtenstäbe, die im 12. Jahrh. im Occident verschwand, während sie im Orient noch andauerte.[3] Die Krücke des Stabes ist von Elfenbein und endet in zwei ornamentirten Löwenköpfen; sie zeigt auf der einen Seite (6a) den Gekreuzigten mit Sonne und Mond nebst zwei Figuren, die man ungeachtet ihrer Undeutlichkeit für Maria und Johannes wird halten müssen, und dazu gehörig auf der obern Krückenfläche die Hand Gottes über dem Gekreuzigten; auf der andern den wiederkehrenden Heiland, dessen Glorie von vier Engeln getragen wird. Die Figuren sind theils abgeschliffen, theils verdeckt durch ein silbernes Band, welches einen Bruch zusammenfügt, theils durch eine bedauernswerthe Verkürzung am untern Ende, welche den Figuren bei 6a die Füsse wegnahm, verstümmelt. Die Elfenbeinkrücke vermittelt mit dem 4' 2" langen Holzstabe ein unten in vier Spitzen endender Silberbeschlag, auf welchem die Darstellungen der Marien am Grabe und Christus in der Unterwelt, sowie folgende, einen Reliquieninhalt im Stabe bezeigende, bei 6b genau wiedergegebene Inschrift niellirt sind:

✝ Reliqui(e). Sce. Marie. et. Sti. Cristofori: (vgl. 6b).

7. 7a.

Spätgothischer Behälter, fast 14" hoch, von Silber mit vergoldeten Verzierungen zur Aufbewahrung der hölzernen Trinkschale des h. Heribertus, welche vier durchbrochene Rosetten im Mantel des Gefässes, von denen man eine in unsrer Abbildung erblickt, sichtbar machen. Die nur zur Hälfte noch vorhandene Holzschale wird inwärts von einem silbernen vergoldeten Einsatz überdeckt, auf dessen Boden sich ein getriebenes eingelöthetes Medaillon befindet, wie die Abbildung gleicher Grösse 7a zeigt, zwei Personen darstellend, von denen die eine der andern ein Gefäss — ob in Bezug auf das gegenwärtige bleibt dahingestellt — überreicht. Die eine dieser Personen dürfte nach dem Pallium, dem Krummstab und der Mitra zu schliessen Heribertus sein, die andre kann nach der gleichen Kopfbedeckung und der Palme in ihrer Linken nur einen Märtyrer vorstellen.[4] Der Einsatzbecher der Holzschale, dem Ende des 12. Jahrhunderts angehörig, ist aussen von einem weit überkragenden Ornamentbande umrandet, welches beim Einlassen des Bechers in das gothische Schaugefäss über dessen Mantel fällt und unter dem Deckel auf unsrer Abbildung sichtbar ist. Die Cuppe des gothischen Schaugefässes besteht aus zwei durch ein Scharnier verbundenen Theilen, eine Einrichtung, die beweist, dass zuweilen der obere Theil zur Sichtbarmachung und Schau-

---

3. Lind: Der Krummstab, Wien 1863; Didron, X. p. 140; Cahier et Martin, Melanges d'Archeol. IV. p. 175. Mittheil. d k. k. Centralcommission, 1857, p. 256 und 1859, p. 47.
4. In der letztern Figur einen Kaiser angethan mit dem Kaisermantel, der Krone und dem Scepter zu erkennen, kann nur der Oberflächlichkeit des Herausgebers des „heil. Cölns" gelingen.

stellung der Holzschale weggenommen werden sollte. Von ehemaligen vier Statuetten auf dem Deckel finden sich noch drei: Maria mit dem Kinde, ein Kaiser mit Krone, Schwert und Reichsapfel und in der Mitte Heribert, ein Abbild der Abteikirche von Deutz tragend.

8. 8a. 8b.

Spätgothischer Krummstab von vergoldetem Messing mit silbernen Verzierungen. Am Knaufe befinden sich Maria mit dem Kinde, Katharina, Johannes der Täufer, Petrus, Margaretha, ein andrer Heiliger, vielleicht Johannes Ev.; in der Krümmung einerseits Maria mit dem Kinde, andrerseits eine Märtyrerin mit der Palme. Höhe: 1′ 2″.[5]

Taf. XLIII.
1. 1a. 1b.

Schrein des 1020 gestorbenen[6] h. Heribertus, Erzbischofs von Cöln und kaiserlichen Kanzlers, dessen Gebeine nach ihrer 1147 geschehenen Erhebung in denselben gelegt wurden. Dieses Prachtwerk der Emaillekunst und getriebenen Arbeit misst am Sockel 4′ 10″ in der Länge, 16″ in der Breite und 2′ in der Höhe und hat die Form eines mit einem Satteldach überdeckten Sarcofages. Es muss in Zusammenhang mit den grossen Reliquienschreinen in Aachen, Stablo, Kaiserswerth, Siegberg und Cöln, als Erzeugniss der grossen rheinischen Emailleschule betrachtet und in Rücksicht seines strengeren Stils früher wie die erwähnten Schreine in die Mitte des 12. Jahrhunderts gestellt werden.

Der Kern des Schreines besteht aus einem mit vergoldeten Kupferplatten bekleideten Holzbehälter. Auf dem durch getriebene Blattornamente verzierten Sockel erhebt sich derselbe, an den Schmalseiten mit je einer getriebenen Figurengruppe, an den jederseits durch 7 Pilaster in 6 Nischen getheilten Langseiten durch emaillirte Propheten- und getriebene Apostelgestalten geschmückt. Die grösste Bedeutung beansprucht der Schmuck der beiden Dachseiten: Umgeben von getriebenen Ornamenten, getrennt durch emaillirte Pilaster, finden wir hier das Leben des heiligen Heribert in 12 emaillirten Medaillons verherrlicht.

Geben wir zur Betrachtung des Einzelnen, so erblicken wir auf der Vorderseite in fast runder getriebener Arbeit Heribert gleichsam in seiner Glorification. Er sitzt geschmückt mit den bischöflichen Insignien[7] auf einem Thron, umgeben von zwei weiblichen Figuren, die sich durch ihre Ueberschrift als Charitas und Humilitas bezeichnen, überragt von einem Medaillon mit dem getriebenen Bilde des segnenden Heilandes, dessen Linke ein aufgeschlagenes Buch mit den Worten hält: *Ego sum, qui sum.* Zu Seiten Christi fehlt das A und O nicht, ihn umgeben 5 emaillirte Engel. Auch auf den beiden Pfeilern erscheinen 4

---

5. Ein ehemals in der Heribertkirche befindliches kleines emaillirtes Reliquiar ist in die Fürstlich Hohenzollern'schen Sammlungen zu Sigmaringen übergegangen; auch soll nach einer mündlichen Ueberlieferung ein im städtischen Museum zu Cöln befindlicher Elfenbeinkamm (bei Bock, h. Cöln) aus der gleichen Kirche stammen.

6. Die Jahrbücher von Hildesheim geben das Todesdatum 1020 16. März.

7. Der im Besitze des Fürsten zu Hohenzollern-Sigmaringen befindliche, in der Abtei zu Deutz geschriebene Codex Theodorici enthält ein Bild Heribert's, welches sich im Heberle'schen Auctionscatalog der Geissel'schen Bibliothek, Cöln 1865, abgebildet findet.

emaillirte Engelbrustbilder, runde Kreuzgeschmückte Schilde tragend. Am Sockel trägt die ganze Gruppe die Unterschrift: † Has presul X̅P̅I̅ vite socias babuisti. Die andere Giebelseite (1 a) vergegenwärtigt Maria auf dem Throne mit dem segnenden Jesusknaben, umstellt von zwei Engeln, überragt von einem Medaillon mit der Hand Gottes[8]; darunter die Inschrift: † Plena salutis ave noxam que diluis Eve. †

An den Langseiten beginnt die Darstellung (1 b) mit der emaillirten Gestalt des Moses auf dem ersten Pfeiler; dieser wie die übrigen 13 Propheten halten Schriftrollen, auf welchen Worte ihrer Weissagungen stehen. Wir lassen dieselben in ihrem Wortlaute folgen, indem wir die Prophetennamen in der Orthographie des Schreines [9] wiedergeben.

Moyses: Sancti. eritis quia et ego. sanctus sum.

Daniel: Qui ad justitiam erudiunt multos quasi. stelle. ī (in) perpetuas aeternitates.

Jeremias: Dabo. vobis. pastores. juxta. cor. meum. (vergl. Taf. XLIV. 1 b.)

Malachias: Orietur. vobis. timentibus. nomen. meum. sol iusticie.

Naum: Ecce. super. mont(ibus) pedes. evangelizantis. et annuntiantis. pacem.

Joel: Filii. Syon. letamini. in. domino. quia. dabit. vobis. doctores justicie.

Amos: Suscitavi. de. filiis. vestris. in prophetam. et de. iuvenibus. vestris. Nazareos.

Davit rex: In omnem. terram. exivit. sonus. eorum.

Ysaias: Quam. speciosi. pedes. evangelizantium. pacem.

Zacharias: Isti. sunt. filii. olei. splendorum. qui assistunt dominatori universe terre.

Jezechiel: Congregabo. vos. de. populis. et. adunabo. de. terris.

Abacue: Justi. in. fide. sua. vivent.

Osee: Tempus. requirendi. dominum. cum. venerit. qui docebit. vos iusticiam.

Sophonias: Dabo. vos. in. nomen. et. in. laudem. omnibus. gentibus.

Auf die Propheten bezieht sich dann auch das blau emaillirte Inschriftband des Sockels:

† Patres. legales. virtute. viri. speciales

† Legis. doctores et iusticie monitores

† Nube. sub. obscura. precognoscendo. futura

† Quem. predixerunt X̅P̅I̅. regnum. meruerunt.

† Qui patriarcharum generosa stirpe creatur

† Ordo. prophetarum. presagus. vaticinatur

† XPM venturum. vite qui statum. reparari

† Hostem. casurum veterem. culpam. vacuari.

In strenger Haltung auf reich mit braunem émail peint verzierten Thronen, fast rund gearbeitet, mit bunt emaillirten Nimben sitzen in den Nischen zwischen den Propheten die Apostel, in ihren aufgeschlagenen Büchern Stücke des apostolischen Glaubensbekenntnisses

8. In der Restauration kam an diese Stelle ein Medaillon mit der Halbfigur Christi; wie überhaupt mancherlei Verstellungen leider stattgefunden haben.

9. Unsere nach dem Originale sorgfältig genommenen Abschriften zeigen immerhin einige Abweichungen von der Publication Prof. Heuser's im Organ für christl. Kunst. 1855. p. 225.

verkündend. Wie den Propheten die Inschrift am Sockel, so gilt den Aposteln die folgende Inschrift, welche an beiden Seiten des Gesimses steht:

     † Hic. fontes. Hely. sunt. hic. panes. duodeni.

     † Hic. qui. Jacob species. hic. tot. lapides. radiantes

     † Ordine. bisseno. virtutis. dogmate. pleno,

     † Fulget. apostolicus. per. fulva. metalla. senatus:

     † Nempe. rigans. sacians. tenebrarum. devia. vitans

     † Iste. Syon. solidat. quam. terno. rohore. quadrat

     † Siequi. Dei. trini. per. bis. duo. climata. mundi

     † Vera. fides. per. eum. longum. firmatur. in evum. [10]

Der hervorragendste figürliche Schmuck unseres Schreines befindet sich, wie wir bereits bemerkten, auf den Dachseiten. Hier erregen vor Allem die 12 Medaillons von 6¼″ Durchmesser mit Darstellungen aus dem Leben Heriberts [11] in bläulich eingeriebenen Contouren auf Goldgrund und emaillirten Flächen Aufmerksamkeit. Der Cyclus beginnt mit dem ersten Medaillon zur Linken der Langseite 1:

1. Medaillon: Die Geburt Heriberts. In der Nacht, als Heribert geboren wurde, erfüllte Glanz das Zimmer und zugleich träumte seinem Vater, dem Grafen Hugo und einem gerade anwesenden Juden Aaron, ein Stern strahle durch die Zimmerdecke auf das Kind. Im obern Theile des Medaillons sehen wir dies dargestellt, Vater und Jude sind durch die beigeschriebenen Namen bezeichnet; im untern erzählen der Vater, der Jude und die Webfrau Traum und Hergang. Die Umschrift lautet:

     † Magnifice. prolis. notat. ortum. visio. solis.

     † Hoc. previdit. ita. pater. eius et Israhelita.

2. Medaillon: Im obern Theile bringen die Eltern den kleinen Heribert in die Schule; der Lehrer empfängt ihn und ertheilt ihm in einer weitern Gruppe Unterricht. Heribert hat bereits auf eine Tafel die Buchstaben a. b. c. d geschrieben unter dem Einfluss der Ruthe, welche der Lehrer emporhält. Im untern Bilde schauen wir Heribert als Jüngling mit einer Anzahl durch ihre Tonsuren kenntlicher Mönche disputiren. Die erklärenden Hexameter sagen:

     † Doctori. natum. tradit. pater. erudiendum.

     † Disputat. atque. docet. quem. gratia. celica replet.

3. Medaillon: Bischof Hildebold von Worms ertheilt oben Heribert die Diaconats-Weihe, unten ernennt ihn Kaiser Otto III. durch Uebergabe des Reichssiegels zum Kanzler. Die umschriebenen Hexameter sagen:

     † Hic. fit. levita. vir. clarus. celibe. vita.

     † Cancellature rex hunc investit honore.

---

10. Auf dem Boden der Apostelnischen unter den Thronen und von diesen verdeckt, befinden sich abgerissene, braun emaillirte Inschriftstücke, die zufällig scheinen hierhin gerathen zu sein.

11. Nach dessen dem 11. Jahrh. entstammender Vita: Pertz, Script. IV. p. 738.

4. **Medaillon** (vergl. Taf. XLIV. 1 a): Kaiser Otto III. [12] belehnt in der obern Hälfte Heribert mit dem Erzbisthum Cöln; während in der untern Hälfte des Bildes der Papst Johannes, vor welchem auf einem Altar das Pallium liegt, den Gewählten bestätigt. Die Beischrift sagt:

† Ex. regis. dono. datur. hic. sacra. virga patrono

† Presulis. insigne plenum dat. papa benigne.

5. **Medaillon** (vergl. Taf. XLIV. 1): Der obere Theil vergegenwärtigt Heriberts Heimreise über die Alpen; der untere seinen Einzug in den Dom zu Cöln. Demüthig und baarfuss erscheint Heribert an der Domthüre, mit Kreuz und Weihwasser vom Clerus empfangen. Die Inschrift heisst:

† Mons. transit. montes. sparsurus. lumine. valles.

† Suscipit. oblatum. plebs. Pontificem. sibi. gratum.

6. **Medaillon**: Bischofsweihe des h. Heribertus. Oben die derselben vorangehende Prüfung, unten die Salbung und Auflegung des Evangelienbuches. Die Umschrift lautet:

† Hic. subit. examen miseris. vir. juge. levamen.

† Unctio. sancta datur personaque. digna. sacratur.

Von den 6 Medaillons der andern Langseite (1 b) sind die beiden ersten der Gründung der Abtei Deutz gewidmet, die 2 mittlern stellen Wunder Heriberts dar, und die beiden letzten bringen seine Versöhnung mit Kaiser Heinrich II. und seinen Tod zur Veranschaulichung.

7. **Medaillon**: Rechts unten liegt schlafend, durch den neben dem Haupte eingeschriebenen Namen bezeichnet, Heribert. Ueber ihm erscheint als Traumgesicht die Mutter Gottes ohne Kind auf der Mondsichel, welche dem Schlafenden die Stelle bezeichnet, auf welcher er die gelobte Abtei Deutz gründen solle. Heribert gegenüber links ruht dessen Nachfolger Pelegrin, inschriftlich Pilegrinus bezeichnet, der die neue Gründung reich beschenkte. Neben ihm steht ein brennendes Licht. Zu oberst im Bilde ragt der begonnene Bau, an dem zwei Bauleute beschäftigt sind. Die Umschrift lautet:

† Visitat. ecce. pater. te. luminis inclita. mater.

† Templi. vota. probans. formam. signans. loca monstrans.

8. **Medaillon**: Als man für den Kirchenbau vergeblich nach einem passenden Baumstamme zu einem hölzernen Kreuze suchte, sah Heribert, eines Tages mit einem Diacon beim Mittagsmahle im Freien auf einer seiner Höfe sitzend, vor sich einen Birnbaum prangen, dessen Aeste mit dem Stamme ein natürliches Kreuz bildeten. Sogleich liess er, wie wir es auf unserm Medaillon schauen, den Stamm fällen und das Kreuz anfertigen. Die Inschrift bemerkt:

† In. mensa. visus. extensus. in. arbore Cristus,

† Pontifici. sancte. fit. causa. crucis. faciende.

---

12. Kaiser Otto erscheint beide Male bärtig. Nicht beim 3ten Medaillon, wie Heuser angiebt, sondern beim 4ten hat die Manipel eine unten erbreiterte Form.

9. **Medaillon**: Heribert, zur Abwendung einer versengenden Dürre einen Bittgang leitend, ward, als er sich der Kirche von S. Pantaleon näherte, von einer weissen Taube dreimal umkreist. Alle Theilnehmer der Procession waren überzeugt, der heilige Geist sei es, der Heribert heilige. Auf unsrem Bilde gewahren wir links das Portal der Pantaleonskirche, aus welcher ein Mönch mit Rauchfass und Evangelienbuch Heribertus entgegentritt. Letzterer, wie die über seinem Haupte fliegende Taube sind durch die abgekürzten Inschriften SPS. SCS (spiritus sanctus) und SCS. IERIBERF bezeichnet. Vom Himmel strömt der erflehte Regen herab. Oben rechts wohnen in dem Zimmer eines durch Thürme und sonstige Architektur angedeuteten Palastes eine bärtige männliche und eine entschieden weibliche Person beim Mahle sitzend diesen Vorgängen bei. Heuser sieht darin, geleitet von der vita Heriberti, — die den Heribert nach Hause eilen, das Haupt auf den Tisch gelegt zu Gott inbrünstig beten und bald „a mensa cum sancta Scolastica capite levato" den Regen herabströmen lässt, — die Person Heriberts selbst, der, wie einst die heilige Scholastica, mit auf den Tisch gelegtem Haupt gebetet hatte, nun, da sein Flehen erhört ist, seine Blicke dankbar gen Himmel richtet. Er übergeht dabei die zweite weibliche Figur und da an ein persönliches Zusammensein Heriberts mit der ein halbes Jahrtausend älteren Heiligen nicht gedacht werden kann, wird man beide Figuren wohl als in seinem Palast anwesende Zuschauer betrachten müssen. Als solche empfehlen sich dann der mit dem Erzbischof durch enge Freundschaft verbundene Graf Balderich und seine Gemahlin Adela, die, von ihrer Heimath vertrieben, in Cöln Zuflucht fanden.[13] Das Kostüm der männlichen Figur hat überdiess einen durchaus weltlichen Charakter, wobei freilich nicht unbemerkt bleiben soll, dass sie eine Tonsur trägt, die jedoch vielleicht ein Abzeichen der Busse in der geächteten unfreien Stellung Balderichs sein könnte.

Die umrandete Inschrift lautet:

† Vota. pater. dum. fert. sacer. huic. se. spiritus. infert.

† Cumque. deum. placat. reserans. celos. pluviam. dat.

10. **Medaillon**: Vor Heribert kniet ein bisher Besessener, ihm seine Heilung dankend, die der heilige Erzbischof während einer Palmsonntags-Procession, in welcher der Unglückliche in Toben ausbrach, durch die Macht seines Gebetes bewirkte. Der Besessene war gebunden der Procession gefolgt, wie wir ihn im Hintergrunde in dem Momente sehen, als der Teufel von ihm hinwegführt. Die erklärenden Worte sagen:

† Viribus. antiqui. presul. rapiens. inimici.

† Predam. salvavit. hanc. demone. dū. (dum) spoliavit.

11. **Medaillon**: Kaiser Heinrich II., in Zerwürfniss mit Heribert, kām, ihm grollend, nach Cöln, wurde jedoch durch ein Traumgesicht von der Unbegründetheit seines Zornes überzeugt und erscheint in unserm Bilde den Erzbischof zur Versöhnung umarmend; in einer zweiten Scene sucht der Kaiser, an einem mit Kelch und Leuchter bestellten Altare vor Heribert kniend, Verzeihung. Heinrich und Heribert sind mit ihren Namen bezeichnet und

---

13. Alpertus II. c. 16. apud Pertz mon. Germ. script. IV. p. 717.

letzterer hält in der ersten Begegnung mit dem Kaiser ein folgende Worte enthaltendes Spruchband:

Amplius non videbimus faciem nostram.

Die Randschrift heisst:

† Corda. cruenta. necat. venia. rex. dū. (dum) bene. placat.

† Iram. pontificis. ter. prebens. oscula. pacis.

12. Medaillon: Tod des h. Heribertus. Im obern Theile des Bildes liegt der Gestorbene, am Kopf- und Fuss-Ende umfasst von zwei trauernden Clerikern, auf dem Todtenbette; unten begegnen wir der Einsenkung des Todten in die Gruft. Die Umschrift lautet:

† Hic. pater. in. signis. meritis. rutilans. velut ignis.

† Fit. requie. tutus. paradysi. carne. solutus.

Diese 12 emaillirten Medaillons der beiden Dachflächen — getrennt durch emaillirte Pilaster, welche an der einen Seite (1) korrektere architektonische Form (Taf. XLIV. 1 g — 1 i), an der anderen (1 b) freiere Gestaltung zeigen, indem sie oben und unten nämlich in Halbrunde mit Engeln (Taf. XLIV. 1 c) ausmünden und im Schafte agonistische Darstellungen (Taf. XLIV. 1 f) enthalten[14] — ruhen stets in einem Teppich vortrefflich getriebener und vergoldeter Ornamente. Umfasst von phantastischen Thiergestalten schmücken die 4 Ecken jedes dieser 12 Teppiche 4 Medaillons mit Halbfiguren palmentragender Märtyrer und symbolischer Personen, die Scepter, Fackeln, Blumen u. s. w. in den Händen halten.

Der kostbare Schmuck der mit Edelsteinen und Emaillen verzierten Bänder in den Bogen der Giebelseiten und an den Dachrändern wie des getriebenen mit Bergkrystallen durchsetzten Kammes ist aus den Abbildungen ersichtlich.

Zweifellos lassen die einfacheren Farben der meist blau in weiss und grün in gelb gebrochenen Emaillen, von denen die mitgetheilten als die buntesten ausgewählt wurden, das Zurücktreten des Filigrans, die Anwendung der Pilaster statt der Säulen, die streng anschliessende Gewandung der Apostel den Heribertschrein älter als die entwickelteren grossen Siegburger Schreine erscheinen. Freilich darf hierbei nicht übersehen werden, dass die Vergleichung der einzelnen Theile des Heribertschreines auf zwei verschiedene Werkstätten deutet, von denen die eine als die fortgeschrittenere erscheint. Geringere Verschiedenheiten, wie z. B. die eines Wechsels von Silber und Kupfer in den getriebenen Dachflächen, die reichere Farbengebung einzelner, und zwar der mitgetheilten, Emaillen bei Seite lassend, muss als belangreicherer Unterschied die Behandlung der Carnation in den Medaillons und den Prophetengestalten hervorgehoben werden. Bei ersteren erscheinen alle Fleischtheile nur im Goldgrunde contourirt, bei letzteren bestehen sie schon aus farbiger Emaille.

---

14. In dieser merkwürdigen Gruppe, die sich ähnlich an den Schreinen zu Aachen und Siegburg findet, ist die überwältigende Person durch einen rothen Nimbus von der überwältigten unterschieden, was wohl eine Deutung der Ueberwindung des bösen Princips durch das gute zulässt.

Taf. XLIV.

1.
Fünftes emaillirtes Medaillon des Heribertschreines in natürlicher Grösse. Email champlevé.

1 a.
Viertes emaillirtes Medaillon des Heribertschreines in natürlicher Grösse. Email champlevé.

1 b.
Darstellung des Propheten Jeremias auf einem Pfeiler der Langseite 1 des Heribertschreines in gleicher Grösse. Email champlevé.

1 c.
Halbfigur eines Engels gleicher Grösse der Dachseite 1 b des Heribertschreines. Email champlevé.

1 d.
Darstellung der Abtei Deutz. Medaillon gleicher Grösse in der Mitte der Dachseite 1 b des Heribertschreines. Email champlevé.

1 f.
Viereckige Platte gleicher Grösse mit der öfter wiederkehrenden Darstellung zweier Figuren, von denen die eine der andern in den Haaren reisst. Email champlevé.

1 g und 1 h.
Pilaster der Dachseiten in gleicher Grösse. Email champlevé.

1 i.
Schmuckleisten gleicher Grösse in Email champlevé.

SIEGBURG.[1]

Um die Mitte des 11. Jahrhunderts trug die Höhe des Siegberges an der Sieg eine befestigte Burg, deren Besitzer der linksrheinische Pfalzgraf Heinrich der Wüthende war. In Folge der verheerenden Züge dieses Dynasten in das cölnische Gebiet eroberte Erzbischof Anno II. von Cöln die Siegburg und verwandelte dieselbe in ein Benedictiner-Kloster, dessen Kirche am 22. September 1066 zu Ehren des h. Michael der himmlischen Herrschaften, des h. Mauritius und seiner Gesellschaft geweiht und zuerst mit Mönchen aus dem Kloster S. Maximin in Trier und dann solchen des italienischen Klosters Fructuaria bevölkert wurde. Die neue Stiftung gewann durch die Macht und Stellung ihres Gründers — der als Primas

---

1. Vergl. Lacomblets Urkundenbuch, I. 202. 203. S. 129—132. — Westfälische Zeitschrift für vaterländische Geschichte und Alterthumskunde von Erhard und Gehrken, II. 99 und VII, 39—67. — Lambert von Hersfeld ad an. 1075 An. v. Hildesheim ad an. 1077. — Lersch: Erzbischof Anno II. im II. Bande dessen Niederrhein. Jahrbuches für Geschichte und Kunst. Bonn 1844. — Schwaben: Geschichte der Stadt, Festung und Abtei Siegburg, Cöln 1826. — Montanus: Vorzeit, I. p. 255. — Weyden: Das Siegthal, Bonn 1865. p. 77 ff. — Aeg. Müller: Anno II., Erzbischof von Cöln, Leipzig 1856, und Siegburg und der Siegkreis, Siegburg 1859.

und Metropolitan der Bisthümer Lüttich und Utrecht, Minden, Münster und Osnabrück, als zweifacher Erzkanzler sowol der römischen Kirche als des römischen Reiches in Italien, als Reichsverweser zu den mächtigsten Grossen, durch Energie des Charakters und geistige Bildung zu den hervorragendsten Persönlichkeiten seiner Zeit gehörte — bald weit und breit Besitzungen und Gerechtsame. Kaiser Heinrich IV. gewährte der Abtei Siegburg schon Zoll-, Markt- und Münz-Gerechtigkeiten in ihrem Gebiete. Anno's Liebe zu seiner Stiftung dauerte bis zu seinem Tode, denn er bestimmte kurz vor demselben, in Siegburg begraben sein zu wollen. 1075 fand seine Beisetzung daselbst statt. Denkmäler von Anno's Vorliebe für Siegburg, wie Zeugnisse des geistigen Lebens des Klosters sind die dort entstandenen Vitae Annonis, die Translatio Annonis und das Annolied. [2] Dass auch eine Kunstwerkstatt hier war, ergeben die Ausführungen zur Beschreibung des Annoschreines. Die Abtei bestand unter einer Reihe von 46 Aebten bis zu ihrer Aufhebung 1803. Aus ihren Umwohnern hatte sich frühzeitig eine Stadt gebildet, die im 12. Jahrh. schon eine eigene Pfarrkirche, [3] im 13. Jahrh. spätestens Festungsmauern erhielt und nachher sich ein trauriges Denkmal des frommen Eifers jener Zeit in zahlreichen Hexenprocessen unerhörtester Art errichtete. [4]

Der grosse, seit Anno's Vorliebe für Reliquien [5] entstandene Reichthum an kostbaren Behältern und Kirchenschmuck, die alten Bauten, [6] die Gräber mehrerer Kirchenfürsten [7] gingen bei verschiedenen Bränden, so 1649 und 1772, und durch die mit der Aufhebung der Abtei verbundene Verschleuderung verloren. [8]

2. Janssen in den Ann. d. hist. Ver. für d. Niederrhein, I. 1. p. 88 ff.

3. Zum ersten Male veröffentlicht v. Jungbecker im 15. Jahrg. d. Organs für christl. Kunst. Eine Urkunde vom 13. Nov. 1169 im Düsseldorfer Archiv, worin die Leute von Bergheim von der Beitragspflicht zur baulichen Unterhaltung der Siegburger Kirche befreit werden, zeigt deren höheres Alter.

4. Mittheilungen daraus giebt Schwaben. Die Originalien befinden sich im Pfarr-Archive.

5. Die Sucht nach Reliquien riss Anno hin, sie fremden Kirchen mitunter gewaltsam zu entführen, obgleich er seinen Vorgänger Evergerus anklagte, der Cölner Kirche S. Cunibert eine goldene Altartafel, Bücher und Marmorfussböden entrissen zu haben. Lacomblet, Urkundenbuch, I. 218. Lersch, Niederrhein. Jahrbuch, II. p. 233,

6. Vom Annonischen Kirchenbaue besteht nur noch die Crypta. In Siegeln des 13. Jahrh. erscheint die Kirche mit 5 Thürmen.

7. Schwaben, p. 121, nennt Hermann III. von Cöln, † 1099, und Fridrich I. von Cöln, † 1131.

8. Unsere folgenden Abbildungen geben Alles, was von den Kunstwerken der Abtei in die jetzige Pfarrkirche zur Zeit übertragen wurde. Wie viel mehr z. B. an Reliquiarien früherhin vorhanden war, ergiebt ein Vergleich mit den beschreibenden Aufführungen in dem 1750 vom Minoriten P. Sebastianus herausgegebenen Heiligthumsbüchlein. Als verschollen heben wir daraus hervor: 1) das schwarze silberbeschlagene Trinkhorn des h. Anno; 2) ein silbervergoldeter Arm des h. Agapitus; 3) ein vergoldetes metallenes Haupt des h. Vitalis; 4) ein vergoldeter, mit Edelstein besetzter Kelch, dessen oberer Theil mit Crystall umgeben war; 5) ein grosses vergoldetes silbernes Kreuz etc. Ueber das Inventar und dessen Vertheilung an die umliegenden Kirchen zu Leichlingen, Ensen, B. Gladbach, Uckrath, Hermrath, Troisdorf, Mondorf, Blankenberg, Geistingen, Lülsdorf, Birk und Düsseldorf bei Aufhebung der Abtei befinden sich im k. Provinzialarchiv zu Düsseldorf verschiedene Akten-

2.

Emaillirte Säulen vom Annoschreine.   Email champlevé.

2 a.

Knauf vom Dache des Annoschreines.   Email champlevé.

2 b.

Einzelne emaillirte Felder dieses Knaufes.   Email champlevé.

2 c — h.

Emaillirte Verzierungsstücke vom Annoschreine.   Email champlevé.

3.

Emaillirte Heiligenscheine, wahrscheinlich vom Annoschreine, jetzt losgelöst in der Sacristei befindlich. Zwei davon haben auf der Rückseite die im Folgenden bezeichneten Monogramme.   Email champlevé.

4.

Emaillen von dem Schreine, Taf. XLVII. 2.   Email champlevé.

5. 5 a — d.

Emaillen vom Mauritiuskasten, Taf. XLVI. 2.   Email champlevé.

6. 6 a.

Emaillen vom Honoratuskasten, Taf. L. 1.   Email champlevé.

---

stücke: 1) Grossh. Berg. Vertheilungsrescript mit Inventar v. 18. März 1812; 2) Inventarium oder vertzeichnis der Ornamente und Kleinodien der Pfarrkirchen allhier binnen der Stadt Siegberg vom Jahre 1598 — worin nur die Beschreibung von 8 silbernen Kelchen mit ihren Wappen Interesse gewährt. 3) Inventarium Ornamentarum sacrorum et reliquiarum so itzo in esse und in der Gerkammeren und Kilchumbschaff vffen Gotzheuss Sigbergh furhanden Anno c. 1608 24 Martii uffgericht.   In letzterm sind die Ornamente zuerst sehr flüchtig, dann die Reliquien verzeichnet. Darin: Item ein Chrystalinen Gemach in Gestalt einer Wegen (Wiege), darin Reliquiae alicuius sancti, cuius, non habetur. 5 Kistgen deren eines Helpenbein (Elfenbein) Effigies beate Virginis iu weiss Alabaster geschnitten. Item ein weiss Helpenbeinern Kistgen, inwendich mitt blauen Sternen etc. Item ein kleines Dingh oder gebeins in silber gefast, auff einem hohen fuessgen, das man zu der Seghnungh St. Quirini Wasser gebraucht.   Item Dens St. Nicolai in silber gefast; Item ein Bundtlein, darin ein klein Bildnuss vnser lieber Frauwen — Item ein rondt halben beiner (elfenbeinern) Kistgen oder Buchssgen, mit Silber beschlagen, darin reliquiae s. Clarae. Item ein silberen Creutzgen — Im vordersten gefäch funden ein schöne Monstrantz sub nomine Kobbenradt in qua habetur spina de corona Christi. Item ein Monstrantz in qua effigies D. Catharinae cum reliquiis s. Barbarae. Item noch ein Monstrantz darinnen Pallium S. Annonis et Hereberti Archiepiscopi et costa S. Vincentii et Pecten Thomae Carthuarensis. Item ein Monstrantz Creutzgwiss (kreuzweise), darinnen reliquiae s. Benigni, It. Brachium s. Quirini. Item ein gross rondt kelch, in qua quinque guttae sanguinis Christi, mit vielen edlen Steinen ausswendich. — It. ein klein silbern übergultes Monstrantzgen, darin de lacte et capillis b. Virginis mit zweien gulden Engelgen inwendich. Item ein Greiffklaw (Greifenklaue) schwärtz mit silber beschlagen, darinnen auch verschiedene reliquiae erfindlich. — Item ein klein silbern Monstrantzgen de S. Sebastiano. It. ein klein silbern Monstrantzgen de undecim milibus virginum. Item ein silbern Monstrantzgen in qua dens s. Appolloniae cum reliquiis D. Agnetis virginis. Item ein klein silbern Monstrantzgen de divo Paulo. It. noch ein silbern Monstrantzgen darin Johannekes (sic) Metzgen. etc.

Taf. XLV.

Schrein, enthaltend die Gebeine des h. Anno, Gründers der Abtei Siegburg. Derselbe, dem etwas ältern Heribertschrein in der üblichen rechteckigen Sarcophagform mit einem Giebeldache gleich gebildet, hat eine Länge von 5′, eine Breite von 16″ und eine Gesammthöhe von 2′ 4″.

Leider erscheint dieses wol einst herrlichste Werk der romanischen Goldschmiedekunst durch die an ihm im vorigen Jahrhundert geschehene Beraubung des grössten Theiles seines Schmuckes nur noch als eine Ruine ehemaliger Pracht. Sämmtlichen die vier Wände umgebenden Nischen mangeln ihre Statuen, den Dachseiten ihre bildlichen Darstellungen,[9] und selbst ein Theil der Inschriften ist abgerissen worden, so dass wir jetzt kaum mehr als das den hölzernen Sarg umgebende prächtige Gerüste besitzen. Auf einem vortretenden Fusse erhebt sich dasselbe, an jeder Langseite sechs kleinere von Dreibogen überwölbte Nischen, an den Schmalseiten eine grössere derselben, auf jeder Dachseite fünf Felder bildend. An den vier Ecken formiren vier Pfeiler mit Edelsteinen und Filigranverzierung, verbunden mit den beiderseits anstossenden Säulen der Bogennischen, kräftige Träger. Alle die Nischen trennenden Säulen bestehen aus emaillirten Schäften der verschiedensten Farben und Muster, vergoldeten Basen mit Eckblättern, vortrefflich ciselirten Capitellen vergoldeten Gusses mit phantastisch gebildeten Pflanzen- und Thier-Ornamenten (Taf. XLIV. 2). Ein in vergoldetem Silber getriebenes, durch Blatt-Ornamente verziertes Band, das auch die Abschrägungen unter und über den vier Wänden des Schreines deckt, bekleidet die innern Bogenwölbungen, deren äussere Flächen vergoldete Inschriften in blauem Emaillegrunde einnehmen, welche den ehemals in den Nischen befindlichen Statuetten entsprechen.

Wir theilen diese Inschriften mit, wie sie sich nunmehr noch am Schreine befinden, indem wir eingeklammert die verlorenen Theile derselben nach frühern Abschriften ergänzen.[10]

Die Vorderseite zeigte ehemals die Gestalt Anno's, umgeben von zwei Engeln, das Modell der Abteikirche in der Rechten haltend. Darüber in den Medaillons in Halbfiguren Gott Vater, mit der Rechten segnend, in der Linken ein Buch tragend, und symbolische Engelfiguren. Hier steht dieses Distichon:

Alme Pater Patriae, plebem sacer Anno tuere
Quosque foves membris, his fer opem meritis.[11]

Auf der gegenüberstehenden Seite stand nach Gelenius der Erzengel Michael, dem die

---

9. Die leeren Flächen dieses wie der andern Schreine sind jetzt mit bunt unterlegten Glasscheiben ausgefüllt.

10. Die älteste Abschrift der Inschriften befindet sich in Gelenius Farragines Band XI. p. 515, aus welchen sie Alfter in seinem Sammelwerke (Nr. XLVIII. Blatt 101 ff.) abschrieb. Von Alfter entnahm sie Hüpsch: Epigrammatophie II, p. 12. — Die Abschriften, welche Müller, Organ für christl. Kunst, 1856, p. 128, zu Bock's geringfügigen und thatsächlich vielfach unrichtigen Mittheilungen im Organ 1853 gab, entstammen dem Anmerk. 8 angeführten Büchlein des Minoriten Sebastianus.

11. So das Original; Gelenius l. c. hat „miseris“.

Abteikirche geweiht war, mit Scepter und Weltkugel, neben ihm kniete der also bezeichnete Mönch Henricus eustos. Von den Medaillons darüber nahm das mittelste in Halbfiguren die Mutter Gottes mit dem Kindlein, die beiden anderen wohl wieder Engelfiguren ein. Das Inschriftband des Dreibogens trägt die Worte:

Signifer ethereis, Michahel, prelate choreis
- Exime nos morti: transfer ad alta poli.

Die Inschrift der Medaillons lautet:

Virgo salutaris, pelagi quae [12] stella vocaris,
Nos vice materna protege salvifica.

Ueber den Nischen der Langseiten, in denen auf der einen Seite sechs cölnische Erzbischöfe, auf der anderen sechs Märtyrer sassen, lauten die Beischriften:

1. S. Materni : Primus Agrippinae Maternus rexit ovile.
   (Justum deduxit Dominus per vias rectas.) [13]
2. S. Severini : Inde Severinus nituit coeli quasi sidus.
   (Ostendit illi regnum dei.) [13]
3. S. Evergisli : Praesul Evergislus successit martyr opimus.
   (Dedit ei scientiam sanctorum.) [13]
4. S. Cuniberti : Praenitet insertus superis merito Cunibertus.
   (Honestavit illum in laboribus.) [13]
5. S. Agilolfi : Martyrii lauro micat ast Agilolfus ut auro.
   (Complevit labores illius.) [13]
6. S. Heriberti : Vera salus per te sit christicolis Heriberte.
   (Immortalis memoria eius.) [13]
7. S. Demetrii : En subit aetheream gaudens Demetrius aulam.
8. S. Vitalis : Martyr Vitalis, fer vitae commoda nobis.
9. S. Victoris : Nomine conspicuus Victor capit astra decorus.
10. S. Benigni : Pro meritis digne. nos audi. Sancte Benigne.
    (Benignus dicor et sum.) [14]
11. S. Innocentii : Nos Innocenti virtute tuere potenti.
12. S. Mauricii : Exime, Maurici, de fauce tuos inimici.

Von welcher vortrefflichen künstlerischen Arbeit die verloren gegangenen Statuetten der vorgenannten Heiligen gewesen sein müssen, erhellt aus den Halbfiguren der Apostel, welche

---

12. Sebastianus hat quoque, das Original que, wie denn überhaupt der von uns in den oben aufgelöst gegebenen Inschriften gebrauchte Umlaut ae im Original stets blos e lautet. Beiläufig sei bemerkt, dass der Buchstabe E bald rund, bald viereckig vorkommt.
13. Die eingeklammerten Worte sind dem Gelen l. c. entnommen und standen nach ihm auf Schriftbändern, welche die Figuren trugen.
14. Die eingeklammerten Worte standen nach Gelen auf einer Schriftrolle, die die Statuette trug. Dass auch die übrigen fünf Märtyrer ausser der Inschrift des Dreibogens eine zweite Inschrift geführt, erwähnt Gelen nicht.

sich über deren Nischen in den Bogenzwickeln noch befinden. Vor blau emaillirten, mit goldenen Arabesken durchzogenen, schildartigen Nischen, deren Ränder die bezeichnenden Namen tragen, erblickt man diese Halbfiguren (2 — 2 f), sorgfältigst gegossen, und in meisterhafter Charakteristik ciselirt. Von dem bis dahin herrschenden generellen romanischen Typus sich ablösend, bekunden sie schon einen individuelleren Naturalismus. An den vier Ecken erscheinen in gleicher Weise die vier Evangelisten mit ihren symbolischen Köpfen (2 und 2 d). Das Streben, diesem Schreine den möglichst reichen Schmuck zu geben, erkennen wir in der Ausfüllung selbst der kleinsten Räume, z. B. zwischen dem Dreibogen und Zwickelbogen, mit Edelsteinen in Filigrannetzen. Das darüber laufende schräge Gesims, wie schon erwähnt, mit einem in vergoldetem Silber getriebenen Ornamentbande geschmückt, trägt das Satteldach, dessen aufliegende Dickseiten abwechselnd von emaillirten (Taf. XLIV. 2 c — h) und mit Filigran und Edelsteinen verzierten Metallstücken bekleidet sind. Nach Gelenius' und Sebastianus' kurzer Notiz, welcher alle Analogien entsprechen, waren auf den beiden Dachseiten je fünf Reliefs, das Leben Anno's, nämlich seine Gründung Siegburgs, seine Wunder, seinen Tod und seine Beisetzung in diesem Schreine darstellend, angebracht und zwar in der Mitte der linken Seite eine Gruppe, bestehend aus Anno, dem Abte Gerhard und dem Custos Henricus nebst vielen Mönchen im Hintergrunde und der Inschrift: Memor esto congregationis tue. Jetzt sind nur noch die mit einem punzirten Muster verzierten und vergoldeten Rahmleisten der Bildtafeln vorhanden, welche an den Stellen ihrer Zusammenfügung mit aufgenieteten viereckigen Schildchen erscheinen, die in blauem Emaillegrunde menschliche Gesichter zeigen (Taf. XLV. 6). Zum vortrefflichsten Theile des ganzen Prachtschreines gehört der durchbrochene und nach dem Gusse vollendet ciselirte, mit fünf Knäufen bekrönte Kamm, der sich auf dem Firste des Daches erhebt: Merkur und Sirenen, Affen und Drachen sind im stilvollsten Laubwerk ornamentistisch verbunden (Taf. XLV. 3 und 4); darüber der mittelste und die beiden äussern Knäufe mit Emaillen geschmückt (Taf. XLIV. 2 a und b), die beiden andern aus dem herrlichsten Filigran gebildet (Taf. XLV. 5).

Eine Anzahl emaillirter Heiligenscheine (Taf. XLIV. 3), welche hinter den Häuptern der vom Annokasten abgelösten Bischofsfiguren befestigt waren, legt neben den andern abgebildeten Siegburger Emaillen den Beweis dar, wie hell, klar, correct, vielfarbig und vollendet die Siegburger vor vielen andern occidentalischen Emaillen erscheinen, so dass diese, wie die vortrefflichen Apostelfiguren und der schwungvolle Kamm es wol begründen, wenn wir den Annoschrein in seiner ehemaligen Ganzheit als die Krone der rheinischen grossen Reliquienschreine hinstellen. [15] Wann, wo und von wem ist er gemacht? diese Frage auch jetzt schon andeutend zu beantworten, können wir uns um deswillen nicht versagen, weil sie für den frühesten, den Heribertschrein, den ihm um 1166 nachfolgenden Carlsschrein in Aachen, die etwas später, um 1186, verfertigten Schreine der hh. Albinus und Maurinus

---

15. Selbst der Dreikönigenschrein, ungeachtet er der grösste und prächtigste aller ähnlichen ist, kann sich in der künstlerischen Vollendung, z. B. der Apostelfiguren und des Kammes, nicht mit dem Annoschrein messen.

in S. Pantaleon zu Cöln,[16] den untergegangenen Schrein des h. Felix zu Cöln,[17] den unter Erzbischof Philipp von Heinsberg (1167—91) gefertigten grössten, reichsten und kostbarsten aller, den Dreikönigenschrein des Cölner Domes,[18] für alle Siegburger Schreine, denjenigen des h. Servatius zu Mastricht, und die späteren der grossen Reliquien zu Aachen, des h. Remaclus zu Stablo,[19] des h. Suitbert zu Kaiserswerth[20] u. s. w., ihres bei flüchtigem Blick erkenbaren gemeinsamen Grundcharakters halber, von Entscheidung ist. Dass diese Kunstwerke der Goldschmiedekunst einer gemeinsamen Schule entsprangen, lehrt ihr Vergleich,[21] dass diese Schule keine fremde sei, lässt sich wol aus dem Hinweggehen der Verfertigungsnachrichten über den Ort ihrer Entstehung schliessen, dass am Rheine und in Lothringen die schwerste der einschlagenden Kunstfertigkeiten geübt worden, ist aus einigen wenigen Künstlerinschriften bekannt,[22] aber eine bestimmte Oertlichkeit für ihre Verfertigung zu begründen, gelang bisher nicht. Der Schrein des h. Anno nahm am 29. April 1183 die Gebeine des Heiligen auf.[23] Abt Gerhard, unter dessen Regierung er entstand, liess, wie

16. Für den Carlsschrein vergl. Taf. XXXVII. und Jahrb. d. Ver. v. Alterth.-Fr. im Rheinl. Heft 43; für den Heribertschrein Taf. XLIII. und IV., für die Pantaleonsschreine Bock, h. Cöln, p. 10 der Gegenstände v. S. Maria in der Schnurgasse.

17. Gelenius, de magnitudine Coloniae, p. 297.

18. Floss: Dreikönigenbuch, Cöln 1864, p. 94.

19. Ueber den Mastrichter Schrein vergl. Labarte: Les arts industriels au moyenage Album II. Pl. CVII. Nähere Nachrichten über Stabloer Emaillen gedenken wir demnächst zu veröffentlichen in den Jahrbüchern des Vereins v. Alterth.-Fr. im Rheinlande.

20. Taf. XXX.

21. Alle bestehen aus einem rechteckigen, mit einem Satteldach überdeckten, von vergoldetem Silberblech bekleideten Kasten, an dessen Giebelseiten einerseits Christus oder Maria mit zwei Engeln, andererseits der im Schreine ruhende Heilige mit zwei Engeln, an den Langseiten, abgetrennt durch Säulen oder Pfeiler, Apostel oder Heiligenfiguren in getriebener Arbeit dargestellt sind. Auf den Dachseiten sieht man in einzelnen Feldern Vorgänge aus dem Leben des Heiligen. Noch grössere Uebereinstimmung als in dieser Anlage herrscht im Charakter der Verzierungen, z. B. der durchbrochenen Kämme mit Knäufen von Bergcristall oder Emaille, der emaillirten Leisten und Säulen, der Filigrangründe mit Edelsteinen, der getriebenen Bänder etc.

22. Z. B. Wibertus um 1165 in Aachen, Text zu Taf. XXXV. p. 100; Eilbertus Coloniensis auf einem Tragaltar zu Hannover, Text I. B. p. XVIII. Anmerk. 97; Henricus am Annoschrein; Reginaldus in Grandmont; Nicolaus von Verdun in Klosterneuburg und Tournai, vergl. Correspondenzblatt des Gesammtvereins d. deutschen Geschichtsvereine, 1866, Nr. 4; Cunrad de Huse, Illustr. Zeit. Nr. 687 u. s. w.

23. Aeg. Müller, der in seinem Buche: Anno II. der Heilige, p. 158, die Gebeine, gemäss der Translatio bei Pertz M. G. Script. XI. p. 514—18, am Tage der Heiligsprechung in den Schrein legen lässt, behauptet in seinem neuen Buche: Siegburg und der Siegkreis, p. 154, ohne jegliche Quellenangabe, die Gebeine seien erst vier Monate nach der Canonisation am 29. Aug. in denselben gekommen, weil er nicht früher fertig geworden sei. Keinesfalls geben die Worte der Translatio, dass die Gebeine zuerst auf den Altar gesetzt und dann alsbald über in Kurzem (in brevi intra locellum c. 11) gelegt wurden, dazu Anlass. Auch das Siegburger Necrologium im Archiv zu Düsseldorf besagt darüber nichts. In Anno's Grabe — dessen Stelle streitig war (Translatio l. c. p. 506) und das sich eher am Ausgange als in der Crypta befand, gemäss der vita An. lib. III. c. 4; vergl. auch Müller, Anno d. H., p. 152 — befanden sich zwei bleierne Tafeln, welche Anno's Titel und

wir sahen, sein eigenes Bildniss darauf anbringen, hinreichender Grund, ihn als den Stifter anzusehen. Mit welchem Rechte sollte aber neben ihm der zweimal dargestellte Custos Henricus, unter welchem wir uns auch zugleich den ˌThesaurarius [24] denken dürfen, erscheinen, der sich doch als solcher kein Verdienst dadurch erwarb, das edle Metall des Schatzes der Abtei für die Herstellung ausgehändigt zu haben, wenn er nicht selbst der Verfertiger oder Aurifaber des Schreines, der Meister der angeblich in Siegburger Urkunden vorkommenden Aurifabri gewesen wäre. [25] Für uns ist das Vorhandensein einer Kunstwerkstatt in der Abtei Siegburg keinem Zweifel unterworfen. Wird ihre Annahme doch von der weitern Thatsache unterstützt, dass das Mutterkloster Siegburgs, S. Maximin in Trier, einen Ausgangspunkt der Cultur am Rheine bildete, [26] dass schon am Ende des 10ten Jahrh. von Rheims aus in Trier Kunstwerke mit Emailleschmuck verlangt wurden, [27] dass das Kloster Grandmont bei

die Daten seines Todes und Begräbnisses angaben und nach dem weitern Bericht der Translatio: inter alia pontificalia prolatus est annulus episcopalis aureus cum gemma in quo exaratum fuit 'Henricus imperator Annoni Archiepiscopo'. Das Datum der Translation wird am Schlusse angegeben: Translatum est autem de tumulo corpus illustrissimi presulis et patroni nostri splendide ac feliciter cum gaudio et felici spe tctius cleri ac populi tercio kal. maii sexta sabati et in brevi intra locellum auro et gemmis fulgentem decenter reconditum. Acta sunt hec anne ab incarnatione domini Mille. centesimo octogesimo tercio c. 9. Die im k. Provinzialarchiv zu Düsseldorf befindliche Handschrift ist von drei Händen am Ende des 12. und Anfangs des 13. Jahrh. geschrieben, an dieselbe schliessen sich de translatione s. Annonis episcopi et confessoris libri IV. von verschiedenen Händen Saec. 13, bis fol. 114 im Ganzen 254 Wundererzählungen enthaltend. (Mss. des 17. Jahrh. haben 430 Wunder.) Die drei ersten Bücher berichten die im ersten Jahre nach der Translation geschehenen Wunder, das vierte ist zugesetzt, aber grossentheils von demselben Verfasser, der in den nächsten Jahren nach 1183 geschrieben haben muss, um so mehr, als schon die Translationsgeschichte den „subsequens libellus miraculorum" bezieht (fol. 109—114 ist Zusatz eines Andern, auch Saec. 13). Im vierten Buche kommt der Verf. (ein Cellerarius der Abtei) auf die Translation zurück und erzählt, Fol. 107, wie die Gebeine Anno's kurz nach der Translation aus dem Schreine gethan und der Luft und Sonne ausgesetzt worden, um sie dauerhafter zu machen (quo durabiliora consisterent). „Ita factum est et in capella beati Nycolai super lobium (Laube) posita quam pie recordationis abbas Gerhardus († zwischen 1183 und 1187) ibi construxit, serico preciose subtus strate ante altare exposita sunt." Es folgt eine Wundererzählung von einem himmlischen Vöglein, das sich die Messe über auf die Gebeine gesetzt und nicht zu vertreiben gewesen. — — In dem Früheren wird fol. 24 des Siegburg benachbarten Berges Caldinbeche gedacht, wo sich eine Metallgrube befunden — die Abtei besass das Münzrecht — und wo argentarii (Silbergräber) arbeiteten. Man vergl. noch Acta Sanct. Bell. zum 29. April; Gottfr. Pantal. ad an. 1183.

24. Thesaurarius = Custos. Binterim und Mooren, Erzdiöcese I. p. 56.

25. Dass die Thesaurarier auch die Künstler der Kirche waren, so lange die Kunst der Klosterthätigkeit angehörte, liegt auf der Hand. Ein neuestes Beispiel gewährt der Codex Theodorici (vergl. Jahrb. des Vereins v. Alterth.-Fr. im Rheinl. XLI. p. 43), in welchem der Schreiber sich selbst als Theodoricus custos bzeichnet. Welche Urkunden das sind, worin nach Müller's Siegburg, p. 156, die aurifabri vorkommen, sagt er nicht.

26. Für unseren Zweck genügt die Hinweisung auf das unter Abt Folcard von dem Fr. Gozbert und Absalon gegossene Taufbecken.

27. Diese höchst wichtige Thatsache bekunden zwei Briefe Gerbert's, des berühmten Abts von Rheims, an Bischof Ekbert von Trier, No. 104 und 106, auf welche zuerst Prof Marx in

Limoges, dessen Mönche unter Erzbischof Philipp von Heinsberg in Cöln und Siegburg Reliquien der 11,000 Jungfrauen erbaten, diese bis zum Jahre 1789 in einem Schreine bewahrten, welcher ausser dem Bilde des genannten Erzbischofs das desselben Abtes Gerhard von Siegburg der den Annoschrein vom Custos Henricus anfertigen liess, und des Verfertigers Reginald mit der Beischrift Reginaldus me fecit zeigte.[28] Grund genug, um zu erwägen, ob nicht wahrscheinlichst Philipp und Gerhard den Brüdern von Grandmont ausser den Reliquien auch den Schrein mitgaben, ob nicht Reginald ein Siegburger und Genosse des Henricus sei, und somit Beide unter dem Abte Gerhard den Schrein von Limoges und den für den Körper des canonisirten Anno anfertigten.[29] Merkwürdiger Weise haben sich auf den Rückseiten zweier jener emaillirten Heiligenscheine unserer Abbildungen (Taf. XLIV. 3) beistehende Monogramme gefunden, aber sie befriedigen den Wunsch nicht, in ihnen unsere beiden Künstlernamen zu entziffern. Die grosse Zahl von den nach allen Unbilden noch vorhandenen Emaillearbeiten des 11ten und 12ten Jahrhunderts in einem Kloster, das keineswegs zu den reichsten seiner Zeit gehörte, deuten auf deren leichten Erwerb durch eigene Anfertigung, und deren dominirender Charakter an den meisten übrigen Schreinen der Rheinlande und vielen andern[30] lassen unbedingt auf

Trier in den Mittheil. des archäol. Vereins daselbst I. p. 132 aufmerksam machte. In dem einen erbittet Gerbert ein Kunstwerk für den Erzbischof Adalbert von Rheims und sagt: Destinato operi designatas mittimus species, admirabilem formam et quae mentem et oculos pascat. Frater efficiet fratri, soror sorori: exiguam materiam nostram magnum ac celebre ingenium vestrum nobilitabit, cum adjunctione vitri, tum compositione artificis elegantis. Stoff und Zeichnung werden also mitgesandt, hinzufügen soll der geschickte Künstler noch Glas, worunter wir uns doch wol Glasmasse, Glasfluss zu denken haben. Im zweiten Briefe ertheilt Gerbert weitern Aufschluss. — — ut prolixam disiunctionem nostram ea coniunctione castigemus. Et quoniam per Virdunum nobis iter est, eo crucem vestra scientia ut speramus elaboratam, si fieri potest, cal. November dirigite, sitque hoc pignus amicitiae. Ita opus placens dum oculis crebrius ingeretur indissolubilis amor in diis augmentabitur. Eine erhöhte Bedeutung gewinnt diese Nachricht durch den unter demselben Bischof Ekbert angefertigten goldenen Tragaltar auf Taf. LV. und das von ihm herrührende Reliquiar des Petrus-Stabes zu Limburg (vergl. über letzteres meine Festschrift zum Winckelmannsfest 1866 des Vereins von Alterthums-Fr. im Rheinlande), wie durch die Behauptung, von der auf Taf. LXI. 1. zum Emailliren angefertigten und noch nicht ausgefüllten Trierer Kupferplatte befinde sich ein vollständig emaillirtes Exemplar in Limoges (Mittheil. d. archäol. Ver. in Trier I. p. 133). Die Bewährung der letztern Behauptung würde darthun, dass nicht allein frühzeitig in Trier byzanische émail cloisonné, sondern auch émail champlévé angefertigt wurde und die Annahme nahe legen, jene Emailleure, welche Abt Suger im 12ten Jahrh. zur Ausschmückung der Kirche von S. Denis aus Lothringen kommen liess, für Trierer Werkleute zu halten.

28. Texier: Epigraphie Limoisine und darnach Domblatt, 1843, Nr. 51; Mittheil. d. archäol. Ver. in Trier I. p. 132; Organ f. christl. Kunst, VII. p. 80. Vergl. Duchesne hist. franc. scn. IV. 746. Das Siegb. Necrolog in d. Ann. d. hist. Ver. für den Niederrhein, Heft 8, p. 221, hat weder den Namen Henricus noch Reginaldus.

29. Labarte: Recherche sur la peinture en émail, Paris 1856, und Heider, das Antipendium zu Klosternenburg in Band IV der Berichte des Alterthums-Vereins zu Wien, nehmen ohne weiteres das deutsche Fabrikat des Reginald-Schreines an.

30. Den Anmerkungen 16 — 22 bleibt noch beizufügen, dass gewiss auch der ehemalige reiche Schatz der Annonischen Stiftung S. Maria ad gradus in Cöln (Gelen. de ndm. sacra et civ.

eine Herstellung von gleichem Ausgangspunkte schliessen. So viel steht fest, Trier ist nunmehr der älteste nachgewiesene solcher Ausgangspunkte der Emaillearbeit für das 10te, Siegburg die wahrscheinlichste Hauptwerkstatt für das 11te und 12te Jahrhundert, an welche sich die Klosterwerkstätten Cölns[31] und anderer Gegenden angeschlossen haben werden.

Der chronologischen Entwickelung der Emaillekunst in Deutschland, wie wir sie im 10ten Jahrh. in Trier, Anfangs des 11ten in Essen und darnach in Siegburg vorfinden, entspricht die technische. In Trier und Essen[32] finden wir Werke byzantinischer Technik (émail cloisonné) in Deutschland gefertigt, dann in Essen das älteste Beispiel des Ueberganges dieser byzantinischen Technik in die aus dem Ersatze des Goldes durch Kupfer entstandenen neuen deutschen oder vielmehr rheinischen Kunst[33] des émail champlevé, endlich in Siegburg diese letztere in voller Blüthe.

7.

Antike Kamee gleicher Grösse vom Annoschreine: den Triumphzug der Galathea darstellend.

8.

Mittelalterliche Gemme gleicher Grösse ebendaher, die Kreuzigung in roher Weise vergegenwärtigend.

9.

Filigranverzierung gleicher Grösse vom Annoschreine.

magnitud. Col. p. 307) mit jener von Anno gestifteten, zehn Talente Goldes wiegenden Altartafel (Lacomblet I. p. 126), ferner der kleine Carlsschrein im Louvre (Jahrb. d. Ver. v. Alterth.-Fr. im Rheinl. 40. Taf. VII u. VIII), dessen Zwickel-Emaillen genau dem mittlern der auf Taf. XLIV. 3 abgebildeten Heiligenscheine entsprechen, wie auch das Antipendium der Rathscapelle zu Cöln, jetzt im städtischen Museum daselbst (Nr. 83 und 84 des Catalogs), der Siegburger Kunstthätigkeit angehören dürften.

31. Vor Allem ist hier S. Pantaleon zu beachten, das wie Essen mit der Kunstthätigkeit der Kaiserin Theophanu zusammenhing (Gelen de magn. Col., p. 367). Aus dem ehemaligen Besitze dieser Kaiserin rühren auch gewiss die Reste zweier merkwürdigen Gewebe her, in welchen sich die Gebeine des h. Anno innerhalb des Schreins eingewickelt befinden, nämlich:

1). ein griechischer violetter Byssus, in welchem gelbe Löwen, paarweise stehend, die griechischen Worte zwischen sich nehmen: † Ἐπὶ Ῥωμανοῦ καὶ χριστοφώρου τῶν φιλοχρίστων δεσποτῶν, mithin den seltenen Fall einer Datirung des 10ten Jahrh. gewähren;

2) ein orientalisch gelb-grüner Seidenstoff, in welchem in abwechselnden Reihen paarweise rothe Giraffen gegenüberstehen und einzelne rothe Doppeladler mit ausgebreiteten Flügeln, in denen sich goldene kufische Inschriften befinden, erscheinen. — Wir gedenken diese Stoffe mit denjenigen, welche sich in den anderen Schreinen befanden, besonders zu veröffentlichen.

32. Gerbert sagt zwar nichts davon, dass Gold den Grundstoff bilden solle, aber wir dürfen es aus den in diesem Material gearbeiteten anderen Kunstwerken Egberts schliessen, nämlich dem Tragaltar in Trier (Taf. LV.) und dem goldnen Stabe in Limburg. Die Emaillen des letzteren sind wie diejenigen der Mathildenkreuze in Essen (Taf. XXIV. und XXV.) ihrer rohen Zeichnungen halber offenbar Werke deutscher Kunst in byzantinischer Technik.

33. Dieses älteste Beispiel gewährt nach wiederholter Prüfung das Theophanu-Kreuz in Essen (Taf. XXIV. u. XXV.), dessen Emaillen eine Mischung des cloisonné und champlevé zeigen.

Taf. XLVI.

1.

Schrein mit den Gebeinen des h. Benignus: 37¼" lang, 12¼" breit und 24" bis zur mittlern Knaufspitze hoch. Gleich dem Annoschrein ist auch der Benignusschrein auf den Dachseiten seiner Reliefs, in den Nischen der Statuen beraubt,[34] und im Sonstigen dem erstern wesentlich ähnlich: Emaillirte Säulenschäfte[35] mit gegossenen wohlciselirten Capitellen von Laubwerk und Basen mit Eckblättern trennen die Bogennischen, ein ähnliches in Silber getriebenes und vergoldetes Ornamentband bekleidet die Schrägen an Fuss und Gesimse, hier auch den Dachfirst, ein vortrefflich gearbeiteter durchbrochener Kamm von Laubwerk mit drei in vergoldetem Blattwerk gefassten Knäufen von Bergcristall überragt den letztern. Filigran- und Emaillen-Stücke verkleiden die Giebelbalken. Abweichend vom Annoschrein tragen die Giebel der Schmalseiten Kämme andrer Muster [der eine zeigt Halbfiguren und Bergcristalle mit Laub ornamentirt (1 a), der andere ein einfacheres vegetabilisches Ornament (1 b)]; füllen die Bogenzwickel der Nischen hier Filigrannetze mit Edelsteinen,[36] welche bald eine feinere, bald eine breitere, überhaupt verschiedenfachste Körnung zeigen; trennen die Dachflächen emaillirte Stege; entbehren in grösserer Einfachheit die Giebelflächen der Medaillons und sind nur mit Filigran und Steinen geschmückt, und zwar in der Mitte mit einem grossen Stein, der jetzt freilich an einer Seite durch eine Muschel ersetzt ist. Die in hellblauem Emaillegrunde in den Bogen der Nischen befindlichen Namen der einst dort stehenden Statuen lauten:

1) an der Vorderseite: Scs. Vincentius. Scs. Benignus. Scs. Laurentius;

2) an der Hinterseite, die keine Inschrift mehr trägt, war Michael, Lucifer überwältigend, dargestellt;[37]

3) an der abgebildeten Langseite in der dort ersichtlichen Schrift: Scs. Pantaleon. martir. Scs. Sebastianus. martir. Scs. Quirinus. martir. Scs. Servatius. Traiect. Scs. Dionisius Episcop. und Scs. Agapitus martir.;

4) an der nicht abgebildeten Langseite: Scs. Anno Col. Archiepis. Scs. Erasmus marti. et Ep. Scs. Georgius marti. Scs. Eustachius marti.[38] Scs. Nicolaus pontifex.

Die Reliquien dieses Schreines erhielt Anno von seinem Verwandten Remgerus, dem Abte des Klosters S. Viti Zell zu Ellwangen, und soll dieselben am 26. Februar 1073 nach Siegburg überbracht haben.[39] Der Schrein selbst zeigt schon vorgeschrittene Formen vom

---

34. Die leeren Flächen füllen bunt hinterlegte Glasscheiben.

35. Drei Säulenschäfte, nämlich einer an der abgebildeten Langseite und zwei an der nicht abgebildeten Schmalseite, sind von gewundener Form und nur vergoldet (vergl. Taf. XLVII. 2.); ebenso sind die Eckpfeiler jener Schmalseite zu nur vergoldet.

36. Die verschiedene Arbeit der Filigranstücke zeigen die abgebildeten Beispiele 1 d — 1 h.

37. Sebastianus, p. 43, der auch eine andere Reihenfolge der Heiligen der Langseiten hat.

38. Hier fehlt ein Name.

39. Sebastianus, p. 41, der auch sagt, dass die Reliquien bei ihrem Transport von Cöln über Nacht in der Stadtkirche blieben, und andern Tages von Anno auf den Hauptaltar der

Ende des 12ten Jahrhunderts, z. B. Eckblätter an den Säulenbasen und polygon geschliffene Knäufe auf dem Dachkamme. Anno erscheint hier schon mit der Bezeichnung $\overline{Scs}$. Anno, welche man ihm keinenfalls vor seinem Tode gegeben haben würde.

1 a. 1 b.

Theile der Kämme der beiden Giebelseiten.

1 c.

Emailleverzierung vom Giebel: goldne Figuren in blauem Grunde.

1 d — 1 b.

Filigranverzierungen verschiedener Fadenstärke, welche interessante Belege der Entwickelung dieser Verzierungsart sind.

2.

Schrein der hh. Mauritius und Innocentius, zweier Märtyrer der thebäischen Legion.[40] Länge 4¼'. Auch der Figurenschmuck der vier Wände und der beiden Dachseiten dieses Schreines ist im vorigen Jahrhundert ein Raub frevelnder Hände geworden und nur das den beiden vorigen Behältern ähnliche Gerüst als ein Rest ehemaliger Pracht zurückgeblieben. Emaillirte Säulen mit ciselirten Capitellen gleicher Schönheit, wie die frühern, trennen die nicht überwölbten Abtheilungen der Langseiten; die Schmalseiten bestehen auch hier aus einem grossen Dreibogen, den ein mit Filigran und Edelsteinen geschmücktes Giebelfeld überragt. Die Dickseiten des Dachstuhls verkleiden die schönsten Emaillen (Taf. XLIV. 5—5 d), die Gesims- und Fuss-Schrägen ein reich ornamentirtes, getriebenes und vergoldetes Band; das Rahmwerk der leeren Dachflächen[41] bilden punzirte und mit heraustretenden Buckeln versehene, vergoldete Messingbänder, und ein gleich den frühern vortrefflich gearbeiteter, mit einer Reihe Bergcristallkugeln durchsetzter und von dreien grössern solcher bekrönter Kamm schliesst das Werk nach oben ab. — Die Vorderseite zeigte nach den Inschriften: S. Innocentius. Sanctus Sanctorum. S. Mauricius den Erlöser zwischen den Heiligen Innocenz und Mauritius und unten die in blauer Emaille vergoldete Inschrift:

† En rex iustorum via gloria palma suorum ✠

Die Hinterseite war geschmückt mit den Statuetten der Jungfrau Maria und denen des

---

Abtei versetzt wurden, was, durch eine hinreichende Quelle bezeugt, die Existenz der Siegburger Pfarrkirche, wie die Versetzung der Gebeine der Heiligen auf die Altäre im 11. Jahrh. feststellen würde. — Auch in diesem Schrein befindet sich ein figurirter Seidenstoff; ausserdem eine runde, glatte Reliquienbüchse ohne belangreiche Verzierungen.

40. Die Reliquien des h. Mauritius und Innocentius kamen im Jahre 961 und 969 (Jahrbücher von Magdeburg ad an. 961 und 969 und Thietmar II. 2. u. 11) unter Kaiser Otto I. nach Magdeburg; letztere sollen durch eine Schenkung der Markgräfin Adelheid von Savoyen auch an den h. Anno gekommen sein, der sie 1070 nach Siegburg versetzte. Vita Annonis, I. c. 33. Die Reliquien sind eingewickelt in einen rothen, mit eingewebten Thierfiguren verzierten Seidenstoff und ein weisses Linnen mit phantastischen Thieren und Ornamenten in Weissstickerei.

41. Die beraubten Flächen der Nischen und Dachseiten auch dieses Schreines sind wie die der beiden vorigen nunmehr mit bunt hinterlegten Glasscheiben verkleidet.

Erzengels Michael und des h. Anno und hat über denselben im Bogenrande in blauer Emaille noch die Namensschriften: Michael arch. Regina celi. Scs. Anno, darunter die Inschrift:

† Vita per hunc regnat quem virgo puer peragestat.

In den zwölf Abtheilungen der Langseiten befanden sich die Gestalten der Apostel, auf welche sich die in émail brun ausgeführten Inschriften beziehen:

rechts oben: Hi reparandorum lux ac proceres populorum

Pro Patribus nati Christo mediante creati,

Vincla relaxandi, jus et meruere ligandi.

unten: Reddit honorificos domini consessus amicos

Arbitrio quorum stent pondera judiciorum.

† Qui claudant regnum verbo reserentque [42] supernum.

links oben: Nomen habent clarum de fructibus ecclesiarum

Qui duce Messia superarunt prelia dira

† Spe fidei fortis, spreto discrimine mortis

unten: His in pace Dei stola jam nitet una trophei

Altera reddetur, ubi vita mors aboletur,

Subveniat mundo pietas horum gemebundo.

Auf den Dachflächen waren früherhin Bilder der Propheten wahrscheinlich in getriebener Arbeit angebracht. Ende des 12ten Jahrhunderts.

2 a.

In vergoldetem Silber getriebenes Ornamentband vom Fusse und Gesimse des Schreines.

2 b.

Verkleidungsstück von einem der Giebel. Die Edelsteine, von denen zwei antike Gemmen, sind cordonnirt gefasst [43] und die Zwischenräume anstatt des gewöhnlichen Filigrans mit kleinen, kreuzweise übereinander gelegten Bandstückchen geschmückt.

2 c — g.

Emaillen: goldene Figuren in blauem Grunde. Hierzu Taf. XLIV. 5. 5 a — d.

Taf. XLVII.

1. 1 a. 1 b.

Tragaltar des h. Mauritius [44] in gleicher Grösse, ehemals auf jetzt abgerissenen Metallfüssen stehend. Der Kern des Schreines ist wie bei allen übrigen von Holz, auf welchem die schmückenden Bekleidungen befestigt sind. Die Mitte der Altartafel (1 a) nimmt der consecrirte Stein von Porphyr ein, um welchen in blauem Emaillegrunde Darstellungen vergoldeter und gravirter Figuren sich befinden. Links die Kreuzigung mit den symbolischen Bildern von Sonne und Mond, darüber die Taube des h. Geistes und Gott Vater mit Engeln,

---

42. Sebastianus hat p. 36 referentque.

43. Aehnliche Fassungen zeigen die Edelsteine des Aachener Evangeliars Taf. XXXIV. 2.

44. Auf der Mitte des Bodens befindet sich ein kleiner Pergamentstreif mit der gothischen Inschrift: Hoc vero altare est. S. Mauritii Martyris et gloriosi ducis.

darunter der Gekreuzigte im Grabe stehend; r e c h t s die drei Marien am Grabe des Auferstehenden, darunter die Begegnung Mariä mit dem Auferstandenen, und darüber die Him-
melfahrt; o b e n und u n t e n in Nischen sitzend die Apostel. Die Bogen und Säulenschafte
dieser Nischen, das Innere der kleinen Kreise, die den Rand um die Steinplatte bilden, und
das Grabtuch sind von weisser Emaille; das Blut am Kreuze, das Grab und die Säulen-
capitelle von rother, andere Theile von grüner Emaille. Die gravirten Linien erscheinen
roth eingerieben. Deckel und Sockel sind in ihrem senkrechten Theile mit glattem, vergoldetem Kupferblech bekleidet, auf den nach einwärts springenden Schrägen von getriebenen
und vergoldeten Ornamentbändern bedeckt. In abwechselnd hell- und dunkel-blauen Feldern,
getrennt durch emaillirte Pilaster, erscheinen auf den vier Seiten des Tragaltars in vergoldeter Gravur sechzehn Propheten. Wie schon bei einem früher publicirten[45] und bei
den meisten rheinischen Tragaltären ist auch hier die untere Bodenfläche durch eine
aufgemalte Musterung in émail brun geschmückt (1 b). In derselben Technik ausgeführte
Schriftbänder, das Reliquienverzeichniss des Tragaltars enthaltend, sind an den Rändern
des Bodens offenbar erst später aufgenagelt worden.[46] Aehnliehkeiten dieses Tragaltars mit einem solchen im Dome zu Bamberg, veranlassen Labarte[47] nach Ansicht
einer Zeichnung des verstorbenen Abbé Martin, denselben dem 10ten Jahrhundert zu
vindiciren. Abgesehen davon, dass die Aehnliebkeiten beider Schreine sich hauptsächlich

---

45. Taf. XXXI. 9.

46. Die vier Randschriften lauten: 1) Hic. o(on)tinentur. reliquiae. s̄. Mauricii. brachium. s̄.
    Adriani. de ligno. de sepulchro. de p(rae)serio. (soll wol heissen praesepio) d(omi)ni.
    de cingulo.
    et de fimbriis. vestim(en)ti. eius. de panno. quo. i(n)volutus e(st). de capillis. de vestibus.
    de fibula. de sepulchro.
    de lecto. et de lacte. s̄. Mariae. Matris. eius. de lapide. super quem. peperit Christum.
    de pelvi. cenae. d(omi)ni.
    de plumis. capiti. nascentis. Christi suppositis.
  2) Reliquie. unius. Innocentis. Augustini. Benedicti. Egidii. abb(atis).
    Livini. m̄r. Disibodi. Theodori. mr. Vedasti. ep(iscopi). XI. virg(inum)
    De. lapide. in. quo. sca. crux. stetit. de lapide. quem
    Christus. tetigit. du(m) corpore. penderetur.
  3) Dens. s̄. Dionisii. Reliquiae. Ciriaci. Sebastiani. Pancratii. Christofori. Pantaleonis. Viti.
    Primi. Cipriani.
    Blasii. Urbani. Alexandri. Juliani. Lamberti. Adelb(er)ti. Hermetis. Ypoliti. Gereonis.
    Crisanti. Cosm(ae).
    Marcellini. et. Petri. Stephani. pp̄. Syxti. pp̄. m̄r. Remigii. Martini. Eucharii. Germani.
    Hilarii. ep̄.
    Mariae Magdalene. s̄. Helenae. reginę. Agathae. Margarethę. Luciae. Vrsulae. Gertrudis.
    Walburgis.
  4) De cruce. s̄. Petri. et de reliquiis. eius. Andree. Jacobi. Mathei. Pauli. Thomae. Bar-
    tholomei. Mathiae. Barnabae. Lucae. Apostolorum. Steph(ani).
    prothom̄r. Laurentii. Georgii. m̄a. Mo(?)etis Justine. V.
    Vitalis. Patrocli. m̄a. Afrae. Genesii. Celitae. Scolasticae.
    Auf einem abgerissenen Metallstreifen: ...helm. Michaeli(s).

47. Labarte: Les arts industriels au moyen age III. p. 354.

auf die getriebenen Bänder [48] beschränken dürften und nicht feststeht, ob auch das Bamberger Denkmal das charakteristischste Merkmal rheinischer Tragaltäre frühester Zeit, [49] die in geometrischen Mustern Gold in Braun in émail peint ausgeschmückte Bodenfläche besitzt, finden wir keine Merkmale, den Siegburger Tragaltar früher als in die Mitte des 11ten Jahrhunderts zu setzen; wenngleich wir der Meinung sind, dass er insammt des zweiten Siegburger Tragaltars (Taf. XLVIII. 1) älter als die drei besprochenen grösseren Schreine sei.

2. 2a. 2b.

Reliquienschrein von vergoldetem Silber und Messing, in den Inventarien Area minor quadrata genannt. Dieser Behälter, der sich in seltner Form von 11" und 8" messendem viereckigen Grundrisse zu einer Höhe von 16" erhebt, blieb leider auch nicht unversehrt. Seine ursprüngliche Hinterseite ist ganz weggerissen und nunmehr mit Messingblech verkleidet; die Vorderseite entbehrt in der Mitte der grossen Figur des thronenden Heilandes, um welche sich in offenen, in den Archivolten auch ihres Schmuckes beraubten Nischen die in getriebenem Silber gearbeiteten, noch vorhandenen Apostelfiguren gruppirten. Auch die vordere Dachfläche, welche ursprünglich wol, ähnlich den beiden seitlichen Dachflächen, eine durchbrochene Ornamentation zeigte, erlitt eine unorganische Umgestaltung durch drei auf modernem Messingblech angeheftete Emailleplatten (émail champlevé), aus der zweiten Hälfte des 12ten Jahrhunderts, von denen zwei in blauem Grunde Momente aus der Legende eines Heiligen enthalten. In ursprünglicher Erhaltung zeigen sich die beiden Schmalseiten. Diejenige links (2a) wird ganz von durchbrochenen silbervergoldeten Arabesken gebildet, deren Mitte, sowol in der Wand wie in der Dachseite, eine Emailleplatte (émail champlevé) einnimmt (Taf. XLIV. 4). Eine etwas vortretende Doppelreihe offener Arkaden, gleichsam zum Sichtbarlassen des inwärts bewahrten Schatzes, schmückt die Mitte der die Thüre des Schreines bildenden rechten Seite. Die vier mittlern Säulen dieser Arkaden sind wie die Ecksäulen des Schreines gewunden; der Bogenfries beider Etagen zeigt auf blauem Emaillegrunde fächerartige Blätter, unten roth, oben grün und roth emaillirt; gleichsam das Gesims bildet dann ein dreizackiges, weiss emaillirtes Band über beiden Etagen. Ein durchbrochenes und vergoldetes reiches Ornament füllt rechts und links den übrigen Raum der Wand, welche dort wie oben von einem in Silber niellirten Inschriftbande und einem rundum im Zahnschnitt übergreifenden Metallrande abgeschlossen wird. Auf der Dachfläche erscheinen zwei gegen einander springende, roth gefiederte Vögel in blauem Emaillegrunde, der Raum darunter ist erauht und durch ein modernes Messingstück gefüllt. — Als spätere Zuthaten sind zu betrachten die Messingkämme auf den vier Dachkanten, wie der ganze obere Dachhelm mit dem gothischen, durch niellirte Buckel geschmückten Knauf unter der bekrönenden Cristallkugel. Nachlässigkeiten der Herstellung, wie sie die Werkstatt nur

---

48. Dasselbe getriebene Band hat auch der Tragaltar von Xanten Taf. XVII. 4, ist nicht viel verschieden am Tragaltar Taf. XLVIII. 1 und wird sich überhaupt häufiger nachweisen lassen.
49. Ueber einige noch unbekannte rheinische Tragaltäre gedenken wir demnächst in den Jahrb. des Vereins von Alterthums-Freunden im Rheinl. zu reden.

begeht, wenn sie, für eigenen Bedarf arbeitend, Reste verwendet, erblicken wir in dem doppelten Vorkommen der Petrusfigur an der Vorderseite, in der unorganischen Anbringung der drei Emailleplatten an deren Bedachung, in dem Auflegen eines verschnittenen Mäanderstreifens in émail brun an der vorderen und eines Pilasters derselben Emaille in horizontaler Lage an der hintern Seite des Fusses.

Wir bemerkten bereits, dass die offenen Arkaden der zum Oeffnen bestimmten rechten Seite den Blick zur Betrachtung des Inhaltes einladen. Der durchbrochene Charakter der in ihrer Ursprünglichkeit erhaltenen übrigen Theile entspricht demselben Gedanken. Wir tragen desshalb, ungeachtet des jetzigen Reliquieninhaltes,[50] kein Bedenken, auf Grund der noch vorhandenen Inschrift (2 b): Hostia vitalis qualis fuit in cruce talis sub fidei titulo clar(o) et in hoc Loculo — anzunehmen, in diesem Loculus seien geweihte Hostien aufbewahrt gewesen, wodurch unser Schrein zu einem einzig in seiner Art dastehenden Ciborium wird. Anfang des 13ten Jahrhunderts.

3. 3 a.

Vorder- und Rückseite des Elfenbeinkammes Anno II., wahrscheinlich dessen Grabe entnommen. Gleiche Grösse.

Taf. XLVIII.

1. 1 a. 1 b.

Tragaltar des h. Gregorius;[51] abgebildet in der Grösse des Originals. Wie bei allen übrigen besteht der Kern des Kastens aus Holz, die Bekleidung aus vergoldeten und emaillirten Kupferplatten. Der in der Mitte der obern Fläche ruhende Stein von grünem Syenit wird an den Schmalseiten von acht Darstellungen: Geburt, Anbetung der Könige, Darstellung im Tempel, Taufe im Jordan, Fusswaschung, Kreuzigung und den Marien am Grabe; rundum von einer Laubarabeske umgeben, in welcher sich die Gestalten der hh. Cecilia, Ursula, Agathe, Caterina und Mauricius, Gereon, Georgius, Mercurius, die Apostel und die Bischöfe, Cunibert, Heribert, Bruno, Severinus, Evergislus, Martinus, Ambrosius, Briccius Dunstan, Nicolaus, Servatius, Augustinus mit ihren beigefügten Namen gegenüberstehen. Ausser letztern hat die Deckplatte folgende Inschriften:

1) Im äussern Rande:

Quicquid, in altari tractatur materiali
Cordis in altari completur spirituali.
Hostia visibilis mactatur operta figura,
Immolat hanc pura devotio mentis in ara.

---

50. Der aus vielen kleinen Partikeln bestehende, in einem eingelassenen modernen Holzkasten beruhende Inhalt gewährte bei seiner Durchsicht drei kostümgeschichtlich interessante Gegenstände, nämlich die aus weisser Wolle gewebten, mit schwarzen Kreuzen verzierten Pallien Heribert's und Anno's und ein Stückchen dunkelblauer Seide mit gegenüberstehenden Hähnen gemustert, und bezeichnet: de casula tunicella, dalmatica et planeta S. Annonis Archiep. Nach Anm. 8 wurden diese Pallien früherhin in einer Monstranz aufbewahrt.

51. Sebastianus, p. 59, sagt: auf dessen Boden diese Worte zu lesen (auf einem Pergamentzettel): Altare portatile S. Gregorii papae urbis romanae et ecclesiae doctoris eximii.

2) Im innern Rande:

> Ara crucis cristi mense communicat isti
> Hac et enim vite sacratur victima vit(a)e
> In qua structura virtutem non ruitura
> Ponitur hac domino dingna domus struitur. ⁵²

Sämmtliche Darstellungen sind in émail champlevé ausgeführt, die acht ersten auf blauen Hintergründen, die andern einzelnen Figuren umkränzt von vielfarbigem, blau, grün, roth und weiss gehaltenem Rankenwerk. Die mitunter nachlässige Gravur der vergoldeten Figuren ist bräunlich-blau eingerieben. Fuss und Gesims bestehen aus getriebenen und vergoldeten Leisten in den schrägen, aus vielfarbig emaillirter Blattverzierung in den graden Flächen. Die vier aufrechten Wände zeigen, wie bei dem vorigen Tragaltar, sechszehn Prophetengestalten in grün emaillirten, weiss und dann blau umrandeten Hintergründen. Räumlich sind die Figuren getrennt durch vorgesetzte, in Kupfer gegossene und vergoldete Säulchen. Vier in Kupfer gegossene und vergoldete Bestien bilden an den Ecken des Bodens, der in üblicher Weise eine vergoldete Musterung auf braunem Grunde in émail peint zeigt (1 b), die Träger des kleinen Schreines. Zweite Hälfte des 11ten Jahrh.

2.

Stab Anno II. in $\frac{2}{3}$ der natürlichen Grösse, angeblich wie der Kamm bei der Erhebung des Todten in dessen Grabe gefunden. Knauf und Krümmung sind von Elfenbein, der Stab von Holz, die Schriftbänder von vergoldetem Silber. Die Krümmung mündet in einen Schlangenkopf, welcher einen Vogel zu verschlingen scheint. Die Umschriften enthalten die drei folgenden Hexameter:

> Tytyre coge pecus, cecos ne ducito cecus
> Moribus esto gravis rector fore disce suavis
> Astu serpentis volucris tege simpla gementis.

Die noch vorhandenen vier der acht Spitzen des unteren Beschlages tragen die Buchstaben — V — — — A R T, was nach einer Conjectur des Herrn Caplan Sauvage zu Siegburg auf ars artium deuten könnte.

3.

Spätgothischer Ständer von Sandstein, 4′ hoch.

---

52. In der letzten Zeile ist dem Verfertiger nicht allein ein überzähliges n in das Wort digna gerathen, sondern auch der Reim und Rhythmus hat ihm versagt. Ganz dieselbe Inschrift findet sich auf dem Tragaltar von Xanten (Taf. XVII. und Text zu Band II, p. 4), indessen fehlen dort, wahrscheinlich in Folge des Ausbrechens des Altarsteines, die vier letzten Zeilen. In den Inschriften unserer Abbildung wolle man folgende kleine Correcturen vornehmen. Statt FERIR lese man FERĪB; statt BRVINO soll stehen BRVNO; der Name nach Bricius heisst DWSTAN; nach NICOL'(A)VS folgt SERVAT'. AVGVSTIN'. Den Buchstaben C zeigen die Inschriften in verschiedenen Formen.

Taf. XLIX.

1. 1 a.

Reliquienschrein gleicher Grösse von Holz, bekleidet mit emaillirten Kupferplatten (émail champlevé) vom Ende des 12ten Jahrhunderts. Auf einem dunkelblauen, mit bunten Rosetten bestreuten Hintergrunde zeigt die Vorderseite in gegossenen vergoldeten und aufgenieteten Figuren unten die Kreuzigung mit Maria, Johannes und zwei Engeln nebst vier Heiligen, oben den Salvator mundi mit den Symbolen der Evangelisten und ebenfalls vier Heiligen. An jeder Schmalseite befindet sich eine Heiligenfigur. Die Ausschmückung der Hinterseite besteht in bunt emaillirten Rosetten auf blauem Grunde (1 a). Kamm und Füsse sind vergoldet, ersterer durchbrochen, mit drei Bergcristallen und zwei emaillirten Medaillons verziert und von drei glatt vergoldeten Knäufen überragt, letztere mit eingerissenen Lineamenten gemustert. [53]

2. 2 a.

Aehnlicher kleinerer Reliquienschrein, der Muttergottes geweiht. Gleiche Grösse. In blauem, unten mit grünen Querbalken durchzogenen und mit bunten Rosetten geschmückten Grunde erblicken wir in vergoldeten und gravirten Figuren die Darstellung im Tempel und die Flucht nach Egypten. Die Seiten zeigen je eine Heiligenfigur, die Hinterwand geometrische bunte Muster in blauem Grunde (2 a). Auf der Vorderseite haben die Figuren reliefartig erhöhte Köpfe, die Altarplatte daselbst ist von schwarzer Farbe. Den durchbrochenen, mit glatten Knäufen geschmückten vergoldeten Kamm füllen drei emaillirte Rosetten. Die vergoldeten Füsse zeigen Gravuren.

3. 3 a.

Reliquienschrein des h. Andreas, in gleicher Grösse, von Holz und mit vergoldeten und emaillirten Kupferplatten (émail champlevé) bekleidet. Die ehemaligen Metallfüsse sind abgerissen. Sockel, Gesims und Ecken haben eine Bekleidung von vergoldeten, theils glatten, theils getriebenen und gravirten Kupferleisten. Die vier Seiten zeigen in blauem Emaillegrunde und vergoldeten, farbig eingeriebenen Gravuren folgende Darstellungen: an der Vorderseite das Abendmahl mit zwei hinzutretenden Engeln, welche durch emporgehaltene Feuertöpfe gleichsam die Nacht erhellen; an der Rückseite in sitzenden Figuren, Christus mit acht nicht näher bezeichneten Heiligen; an den Schmalseiten, links fünf sitzende Heilige mit unbeschriebenen Spruchbändern, rechts Maria mit dem Kinde, auf einem an den Füssen mit Thierkrallen, am Sitze mit Thierköpfen verzierten Stuhle thronend, und vier unbezeichnete Heilige. Einen reichen, durch verworrene und fehlerhaft geschriebene Schriftbänder abgetheilten Darstellungscyclus vergegenwärtigt der Deckel (3 a). Jede Abtheilung hat, wie das die hier heraldisch angewandten Strichlagen andeuten, einen bald helleren, bald dunkleren grünen oder blauen Hintergrund. Die Heiligenscheine und Spruchbänder, das Tisch-

---

53. Aehnliche Reliquiare vielfach, z. B. Taf. XXXI. 8 und im Museum zu Cöln; in Klosterneuburg, Mittheil. d. k. k. Centralcommission, 1861, Nr. 9 u. s. w.

tuch beim Abendmahl und die Tücher, womit Sonne und Mond das Angesicht verhüllen, sind weiss emaillirt. Die Folge der Darstellungen ist diese:

1) Der Engel verkündet den Hirten die Geburt des Heilandes mit den Worten seines Spruchbandes: Gloria in excelsis deo, wozu die Fortsetzung: et in terra pax hominibus über dem Medaillon des Mondes angebracht ist. Die abtheilende Umschrift lautet:

> Mors quibus instabat quos nox atra gravabat
> indice veraci narrantur re(ddi)ta paci(s).

2) Das Jesuskind in der Krippe, darüber Ochs und Esel, oben drei Engel und die Umschrift:

> Vitamque ponderibus natum pecus esse probat
> genitum pondera nostrorum qui venit ferre malorum. [54]

3) Maria liegt als Wöchnerin auf dem Lager, unten sitzt Josef, oben erscheint auf dem Regenbogen Gott Vater mit drei Engeln und verkündet auf einer Schriftrolle die Worte des 71sten Psalms: Adorabunt eum omnes reges et omnes gentes servient etc. Die Umschrift lautet:

> Introitus mortis fit [55] opposite via sortis.
> Damnavit femina satuavit (salvavit) femina vivificavit.

4) Die Kreuzigung mit den dazu gehörigen Medaillons der verhüllten Gestalten von Sonne und Mond:

> Quid (m)ors dira furis, tui fure iuris esse [56] putas
> cessa nec premias tu ita capessa quam tua da —

Dazu gehören offenbar die Worte des Mondrandes at plura queris perdes tua iura. [57]

5) Christus segnet Petrus und Paulus:

> Huic sera celorum tibi dogma [58] datur populorum
> Auspicio parili dono ditantur herili.

6) Der Salvator mundi erscheint mit den apokalyptischen Thieren der Evangelisten. Im Hintergrunde deuten wie auch in den Feldern von Sonne und Mond eingestreute Goldpunkte den Sternenhimmel an:

> Dictat opem mundo [59] sapiencia corde profundo
> quod meus hic gestat verb(am) patris hic manifestat.

Anfang des 13ten Jahrhunderts.

---

54. Steht matorum. Wie man aus der Abbildung ersieht, bricht die Inschrift nach dem n im Worte nostrorum aus der Schriftbande und wendet sich links.

55. Hinter Fit ist das T mit entgegengesetztem Schweif überflüssig wiederholt, oder für et oder etiam hingestellt.

56. Undeutlich ist das erste E in Esse (☉). Es steht ferner da: Quidors.

57. Die Worte des Sonnenmedaillons scheinen vergessen worden zu sein, sie würden vielleicht den Sinn ergeben.

58. Steht docma.

59. Steht munno.

Taf. L.

1. 1 a — c.

Schrein des h. Honoratus, 24″ lang, 10¼″ breit, 19″ hoch, der kleinste unter den
fünf grossen Siegburger Schreinen. Der Kern von Holz ist mit vergoldeten Kupferplatten
bedeckt und weicht in seinem Aufbau von den übrigen durch die Construction von vier
Dachgiebeln ab. St. Honoratus, der Titularheilige des Schreins, stand in der Mitte unter
dem Dreibogen der vorderen Seite, umgeben von den Heiligen Pancratius und Quirinus.
An der Hinterseite entsprach diesen Figuren Maria mit den Heiligen Balbina und Catharina.
Von sämmtlichen sechs Figuren sind nur die Umschriften erhalten, ihre Nischen haben in
den Zwickeln einen reichen Schmuck von Filigran und ungeschliffenen Edelsteinen und werden von Doppelsäulen getragen, hinter denen nochmals Wandpfeiler bei-
stehenden gravirten Schmuckes sich befinden. Auch von den getriebenen
sitzenden Apostel-Figuren der an den beiden Langseiten befindlichen zwölf
Nischen sind sieben verschwunden. Diese zwölf Bogennischen, die ursprünglich gegen einander alle durch Doppelsäulen getrennt waren,
zeigen in den Zwickeln das älteste Beispiel jener getriebenen Halbfiguren,
wie wir sie ausgebildeter am Annoschreine, am Karl'sschreine zu Aachen
und am Kasten der heiligen drei Könige zu Cöln sehen. Mit nachlässigen
Inschriften bezeichnet, vergegenwärtigen sie an unserem Schreine einerseits
die Heiligen S. Mauricius mr. S. Julianus. S. Clemens p. p.,[60] andererseits S. Cecilia. S. Benedictus, und geflügelte Engelgestalten an den Ecken.

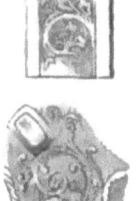

Der Schmuck des Daches in den Giebeln der Vierung bestand aus
zwei getriebenen Halbfiguren, von denen nur diejenige unserer Abbildung
erhalten ist. Die Dachflächen füllen vier getriebene Darstellungen der Verkündigung, Geburt, Kreuzigung und Auferstehung (1 a. 1 b) und in den Winkeln, welche
die beiden Giebel der Mitte mit dem Dache bilden, acht vergoldete Ornamente auf braun
emaillirtem Grunde. Der gegossene durchbrochene Kamm trägt fünf Knäufe von Bergkrystall.

Der verzierenden Bänder sind zu unterscheiden 1) diejenigen, welche organisch an
ihren ursprünglichen Stellen sich befinden, wie das gravirte Band an der Schräge des Sockels,
die getriebene Gesimsleiste, die Dachverkleidungen von abwechselnden Emaille- und Filigran-
stücken an den Giebeln der Schmalseiten (1 c und Taf. XLIV. 6 u. 6 a) und die Lissenen
hinter den Säulen der letzteren; 2) verschiedene Verzierungsstücke, welche an ihren vorfindlichen Stellen so unorganisch angefügt sind, dass man zweifelhaft sein muss, ob man
darin eine Folge ursprünglicher Nachlässigkeit, ein Zusammenlesen vorhandener Reste oder
aber eine frühzeitige Ausbesserung erkennen soll. So z. B. erblicken wir die Säulen bald
mit glatten, bald mit getriebenen, bald mit braun emaillirten Schäften; unter der Christusfigur im vorderen Giebel, an den Dachflächen überhaupt, auf den Böden der Apostelnischen

---

60. Zwischen Julianus und S. Clemens befinden sich noch zwei unleserliche Buchstaben.

sind verschnittene und ungleiche Verzierungsstücke aufgenagelt, wie wir dies freilich auch am Heribertsschrein, am Benignusschrein und an der area minor quadrata sahen.

Bemerkenswerth ist dieser Schrein durch sein Alter: nach der Form der Basen und Würfelcapitelle dürfte er der Zeit nach, zwischen die Tragaltäre und die grossen Schreine zu stellen sein. [61]

2. 2 a. 2 b.

Der jüngste und letzte der Siegburger Schreine ist der 4' 10" lange Kasten, worin sich einzelne Gebeine der Heiligen Apollinaris, Alexius und Winibaldus [62] befinden. In demselben beruhen zwei Pergamenturkunden, von denen die erstere aus dem Jahre 1394 besagt, dass der Thesaurarius von Siegburg, Rutger von Elzfeld, aus der im Chore der Kirche zu Remagen stehenden Tumba des h. Apollinaris die Reliquien der vorgenannten drei Heiligen nach Siegburg gebracht habe, woselbst sie der Abt Pilgrim von Drachenfels in einen Kasten verschloss und der Abt Wilhelm Spies von Büllesheim den jetzigen Schrein (hnie nove capse) vom Magister Hermann von Aldendorp ums Jahr 1446 dafür anfertigen liess.

Wie die älteren Schreine besteht auch dieser aus einem mit vergoldeten Kupferplatten verkleideten Gehäuse von Holz. Die Nischen der vier Seiten sind nunmehr ihres ehemaligen Schmuckes beraubt, doch wissen wir, dass vorn der Bischof Apollinaris und der h. Alexius in Pilgercostüm standen, hinten ein knieender Abt, wol Wilhelm Spies von Büllesheim, mit dem Spruchband: Miserere mei deus, zu Füssen des die Jungfrau segnenden Heilandes angebracht war, zu beiden Seiten die Apostel, in deren Mitte einerseits ein Bischof, wol Anno, andererseits ein Abt, vielleicht Benedictus oder Pilgrim von Drachenfels, sich befanden. [63]

Ausser dem durchbrochenen gothischen Kamme und neun Bergkrystallknäufen, den verzierenden Edelsteinen, Glasflüssen, silbervergoldeten Rosetten und Bändern (2 b am Sockel), beanspruchen unsere Aufmerksamkeit jene, in den Hintergründen der Schmalseiten und auf den Dachflächen durch aufgelegte und vermittelst der Eckrosetten befestigten Bänder, rautenförmig construirten Felder mit den abwechselnden getriebenen Figuren des Doppeladlers und der französischen Lilie (2 a). Vielleicht bezeichnen dieselben die Wappenfiguren der Donatoren. [64]

---

61. Was zu der Tradition passt, Anno habe die Reliquien des h. Honoratus nach Siegburg gebracht. Die verschiedenen Reliquien dieses Schreines befinden sich hauptsächlich in sieben kleineren Büchsen, von denen die ältesten mit orientalischen Geweben überzogen und dadurch interessant sind, dass sie, ähnlich den Bullen der Urkunden, runde Löcher im Boden zeigen, welche zum Durchlass von Schnüren bestimmt scheinen, an denen inwärts die Reliquien, auswärts die bezeugenden Siegel der Vergeber derselben befestigt waren. Unseres Wissens sind bisher ähnlich eingerichtete Reliquiare nicht beobachtet worden. Wir werden dieselben in den Supplementen unseres Werkes nebst den in den Siegburger Schreinen vorfindlichen Geweben publiciren. Der Honoratusschrein bewahrt ein solches, einen orientalischen Purpur mit gegenüberstehenden gelben Elephanten.

62. Gelenius, p. 748, liber IV. Fasti Dec. 18.

63. Sebastianus, p. 47.

64. Eine ähnliche rautenförmige Feldertheilung zeigt der Sebaldusschrein und derjenige der Reichsreliquien im germanischen Museum zu Nürnberg; vergl Anzeiger der deutschen Vorzeit 1861, Beil. zu Nr. 12. — Auch im Appollinaris-Schreine befinden sich vier ältere figurirte Gewebe.

RUPPICHTEROTH.[1]

Pfarrdorf im Siegkreise.

3.

Kupfernes Rauchfass in halber Grösse. Die ursprünglichen Ketten sind verloren.

SAYN.

Praemonstratenser-Kloster, gestiftet **1201** durch Graf Heinrich II. von Sayn[1] am Fusse des Burgberges.

4.

Frühgermanisches, in Holz geschnitztes, ursprünglich bemaltes Grabdenkmal des **1246** gestorbenen Grafen Heinrich III. von Sayn,[2] wegen seines riesigen Körperbaues der Grosse genannt. Derselbe hatte seinem Sohn durch einen unvorsichtigen Handschlag auf's Haupt das Leben geraubt, welche Thatsache im Denkmale durch die auf dem Kopfe des Knaben liegende Hand des Vaters angedeutet wird. Letzterer trägt am Goldfinger der rechten Hand einen Ring und tritt mit dem rechten Fuss auf einen kleinen Löwen, mit dem linken auf eine gefiederte Bestie. Beide Figuren sind zum Abzeichen ihrer gräflichen Würde mit kranzähnlichen Kopfbinden geschmückt.

Die Inschrift lautet: Henricus II magnus comes Saynensis cruce signatus MCCXV. Claustorum sionae MCCXV et loci mariae MCCXXVII et castri in Vallender MCCXL fundator fortis beneficus fidelis obiit cal. ian. MCCXLVI.

Das Epitaphium, früher in der Kirche befindlich,[3] steht nunmehr auf einem modernen Sarcophage in einem Gewölbe der Burgruine.

5.

Spätromanischer Taufstein, 3′ 2″ hoch. Die Schäfte der sechs kleinen Säulen sind in schwarzem Marmor erneut.

6.

Brunnen vor der ehemaligen Klosterkirche, ungefähr 7′ hoch. Bei einer erneuten Aufstellung der umherliegenden Reste wurden die Schäfte der sechs kleinen Säulen ergänzt.

7.

Reliquienschrein für den Arm des heiligen Symeon,[4] welchen letzteren angeblich Bruno, Graf von Sayn, später Erzbischof von Cöln, als Propst von Bonn 1204 hierhin

---

1. Im Siegkreise befinden sich noch zu Leuscheid ein Taufstein auf sechs Säulen gleich dem zu Sayn, andere zu Geistingen, Merten und Mug, welche wir in den Supplementen zu bringen gedenken. Die Kirche zu Oberpleis besitzt im Thurm eingemauert einige romanische Sculpturen und ein romanisches Relief der Anbetung der drei Könige im rechten Seitenschiff.
1. Beyer: Mittelrhein. Urkundenbuch II. Nr. 200 u. 201.
2. Vergl. Kugler, kl. Schriften II. p. 260 u. 266.
3. Browerus: Annales Trevirenses II. p. 100.
4. Zu gleicher Zeit begegnen wir einem Arme des h. Symeon bei Ludwig VIII. von Frankreich, Rigordi gesta Philippi Augusti 33 ap. Duchesne V. 1. und in Aachen, Floss p. 151.

sehenkte.[5] Die Reliquie selbst befindet sich in einer modernen glatten silbernen Lade, welche innerhalb unseres Schreines, wie ersichtlich, steht. Der letztere, 1′ 8″ 6‴ lang, besteht aus einem Gestelle von Holz, das mit vergoldeten Kupferplatten verkleidet ist. Mit Ausnahme der beiden Giebel, welche je durch die getriebene Halbfigur eines geflügelten Engels gefüllt erscheinen, sind alle übrigen Felder durchbrochen und in die Durchbrechungen viereckige Glasscheiben eingesetzt. Die Rahmen dieser Felder bestehen zunächst aus gravirten, mit Edelsteinen und Glasflüssen besetzten Stegen, an welche sich eine schön ornamentirte Schräge getriebener Arbeit und dann ein breites Band sorgfältig und gefüllt gearbeiteten Filigrans anschliesst. Auf dem durchbrochenen Kamme erheben sich drei schön gearbeitete vergoldete Metallknäufe. Emaillirungen zeigen sich an diesem sauber ausgeführten Werke nicht.

Der wesentliche Unterschied und Fortschritt dieses Reliquiars, gegenüber den vorigen, besteht in der Durchbrechung der bis dahin festgeschlossenen Wände zur Sichtbarmachung des heilbringenden Inhaltes. Wir stehen hier gleichsam am Schlusse jener Entwickelung des Reliquiencultus, welcher mit der Einsenkung der h. Gebeine in das Grab der dunklen Crypta beginnt, im 12ten Jahrhundert letztere zu ihrer allgemeinern Verehrung in goldnen, reich verzierten, aber dicht verschlossenen Schreinen in den Altarraum versetzt, und endlich zur steten Sichtbarlassung der mit Glas versehenen Partikelbehältern gelangt. [6]

VALLENDAR.

Städtchen bei Coblenz, welches sich einer 836 vom trierschen Erzbischof Hetti geweihten Kirchengründung rühmt. [1]

8. 9.

Zwei gothische Reliquiengefässe in dreifacher Verkleinerung. [2]

Taf. LI.

CORNELIMUENSTER.

Ehemalige Reichsabtei, gegründet von Ludwig dem Frommen am Flüsschen Inde und darnach im ersten Jahrhundert ihrer Gründung nur Inda genannt. [1] Die Reliquien des h.

---

5. Lassaulx, p. 472 in Klein's Rheinreise, 2te Auflage.

6. Eine Parallele bietet Didron XIX Tombeau d. S. Etienne de Correze. — In der Kirche zu Sayn, in die Wand eingelassen, ist ein Grabstein des 15ten Jahrh. mit den Figuren eines Dynasten von Stein und seiner Gemahlin bemerkenswerth; dann befand sich daselbst der bei Laib und Schwarz, Gesch. d. Altars Taf. X. 6 abgebildete Tragaltar, und befindet sich noch in der fürstlichen Capelle ein sehr schöner Reliquienarm der h. Elisabeth von Thüringen aus dem 13ten Jahrhundert.

1. Die jetzige Kirche ist ein Neubau. Lassaulx, p. 471 zu Klein's Rheinreise, 2te Auflage. Beyer, Urkundenbuch II. p. CCXII.

2. Die Kirche zu Vallendar besitzt eine Menge gothischer Kirchengefässe, unter Andern eine sehr grosse Monstranz und ein sechseckiges Reliquiar abgebildet bei Chr. Schmidt: Kirchenmobilien. Trier, 1860; ein schönes, 1′ hohes, im Vierblatt angelegtes Reliquiar bei Didron An. XI. u. s. w.

1. Lacomblet, Urkundenbuch I. 41. Meyer, Aachensche Geschichten. S. Cornelimünster im Register.

Papstes Cornelius, welche mit denen des h. Cyprian wahrscheinlich als Geschenk Carl des Kahlen von Compiegne nach Inda kamen, haben erst den Namen Cornelimünster hervorgerufen. Der seit dem 14ten Jahrh. alle sieben Jahre stattfindenden Zeigung des berühmten Reliquienschatzes der Abtei [2] verdankt wol der gleichnamige Ort seine Entstehung.

1. 1 a. 1 b.

Büste des Papstes Cornelius zur Aufbewahrung eines Theiles seines Schädels. Diese kostbare, 2' 6" hohe Arbeit besteht aus getriebenem Gold- und Silberblech und dürfte vom Ende des 14ten Jahrhunderts herrühren. Bart und Haare des individuellen Gesichtes erscheinen von Gold, die blauen Augen sind in Emaille ausgeführt. Als Pectoralschild des Gewandes befindet sich auf der Mitte der Brust eine kleinere, $3\frac{1}{4}$" hohe jugendliche Büste mit einem in Calcedon geschnittenen Kopfe, [3] dessen Nimbus auf blauem, mit Edelsteinen geschmücktem Emaillegrunde die Buchstaben $\bar{I}$. $\bar{N}$. $\bar{R}$. $\bar{I}$. (Jesus. nazarenus. rex. iudeorum) trägt; das Brustgewand des kleinen Pectorale zeigt ausser einigen Edelsteinen im untern Rande und auf der Mitte, in rautenförmigen Abtheilungen abwechselnd getriebene Lilien und fünfblättrige Rosen. Den kostbarsten Hauptschmuck des Ganzen bildet aber die dreifache, mit einer grossen Zahl edler Steine und einigen Emaillen geschmückte bewegliche Papstkrone, auf deren zweitem Reifen sich der Name des Papstes: sanctus Cornelius befindet. Zwei au der Hinterseite angebrachte Wappen, nämlich (1 b) ein rothes Schild mit zwei in's Andreaskreuz gestellten Bischofs-Stäben und in der Mitte ein gekrönter goldner Löwe im schwarzen Felde, und (1 a) ein rothes Feld mit drei gelben Kreuzen und in gleicher Farbe einen Arm, der einen Ring emporhält — gehören nach einer gütigen Mittheilung Fahne's, das erstere gemäss ebenso besiegelter Urkunde von 1380, dem Abte Johannes Durffendael und das zweite wol dem Geschlechte Lyser an und bekunden zweifellos, dass der genannte Abt der Donator des Reliquiars ist.

2.

Horn des h. Cornelius, aus welchem am Feste des Heiligen, wie bei den Heiligthumsfahrten gesegnetes Wasser zur Heilung von Krankheiten gespendet wurde, eine sogenannte Greifenklaue, wie solche in Schatzverzeichnissen vorkommen und in vielen Museen und Kirchen aufbewahrt werden. [4] Das schwarze Horn scheint von einem Büffel herzurühren und

---

2. Floss, Aachener Heiligth. p. 117 u. a. O. Im Jahre 1359 ertheilt Innocenz VI. den Theilnehmern der alle 7 Jahre nach Cornelimünster stattfindenden Heiligthumsfahrt einen Ablass.

3. So viel wir uns nach einer Reihe von Jahren erinnern können, ist dieser Kopf antik und trägt auf dem Mittelscheitel jene eigenthümliche Haarflechte, die wir p. 10 unserer Abhandlung, die Bronzestatue von Xanten, Berlin 1860, als Abzeichen des Knabenalters charakterisirten.

4. In einem zur Heiligthumsfahrt von 1755 ausgegebenen Heiligthumsbüchlein wie bei Noppius l. c. 40. p. 149 wird obiger Gebrauch verkündet und in ersterem mitgetheilt, dass das Horn eine Klaue des Vogels Greif sei, welche dieser Vogel aus Dankbarkeit für die vom h. Cornelius an ihm erwirkte Heilung von der fallenden Sucht zu den Füssen des Heiligen niederlegte etc. — was als Beitrag zum Material der Erklärung der vielen mit dem Namen Greifenklaue bezeichneten Hörner dienen mag. 'Vergl. Floss, p. 168, und Anmerk. 8 unsres Textes für Siegburg. Aehnliche Hörner befinden sich zu Hildesheim

hat in seiner Aufstellung ungefähr 1´ Höhe.   Die spätgothischen Verzierungen des Knaufes
an der Spitze, die Bänder, der becherartige Einlass in der Oeffnung und ein zur Aufnahme
von Reliquien mit einem Glase verschlossenes Medaillon über den Klauen, wie auch letztere
sind von vergoldetem Silber. [5]

SIERSDORF.

Ehemalige Commende des deutschen Ordens, untergeben der Ballei Altenbiesen, gegründet aus einer Schenkung des Grafen Wilhelm von Jülich. [1]

3.

Triumphbogen aus Eichenholz geschnitzt, im Mittelschiff der Kirche aufgestellt, 21´ hoch.
Auf der Höhe des meisterhaft in durchbrochenem Laubwerk gearbeiteten Bogens steht Maria
mit dem Kinde, auf den beiden Säulen die Donatoren, wahrscheinlich ein Herzog von Jülich
und seine Gemahlin.   Viele einzelne Theile sind abgebrochen.   15tes Jahrhundert.

4.

Darstellung der Kreuztragung, aus einem in Holz geschnitzten, durch grünen Oelanstrich
verunstalteten, 9´ 3´´ hohen Passions-Altare.   Derselbe zeigt in der Mitte die Kreuzigung,
darunter Kreuztragung und Kreuzabnahme und zu unterst links Verkündigung und Heimsuchung, rechts Geburt und Beschneidung.   Zwischen Heimsuchung und Geburt sitzt Jesse,
aus dessen Brust der Stammbaum Christi in reichem Laubwerk sich als Berandung des Altar-
werkes in der Weise entwickelt, wie wir dies bei den Altären der Calcarer Schule wiederholt finden. [2]   Dem realistischen Gepräge dieser Schule entspricht es, bei der Geburt
Jesu einen Dudelsackpfeifer, bei der Kreuztragung die raufenden Knaben angebracht zu
sehen.   Eigenthümlich in letzterer Darstellung ist auch die Erscheinung der beiden Schächer
im Zuge.   15tes Jahrhundert. [3]

BRAUWEILER. [1]

Pfalzgraf Ehrenfried oder Ezzo, der Schwiegersohn Kaiser Otto II., gründete 1024 zu
Ehren des h. Nicolaus und Medardus die Benedictiner-Abtei Brauweiler, deren erster Kir-

---

    bei Kratz II. Taf. 3, zu Weimar, Curiositäten I. Taf. 161, zu S. Severin in Cöln, Bock,
    h. Cöln; bei Sommerard les arts au moyenage, Album 4, Serie Pl. XXI; zu Gran, Jahrbuch
    der k. k. Centralcommission, Band III; in den Museen zu Wien, Dresden u. s. w.

5. In der Abteikirche befinden sich ausserdem eine weniger reiche silberne Herme des h.
    Cyprian, Reste von frühgothischen Chorstühlen, ein kleiner schön geschnitzter gothischer
    Altar, ein romanischer Taufstein und einige gothische Reliquiare.

1. Lacomblet, Urkundenbuch II. 82 und 132. Ritz, Urkunden und Abhandl. zur Gesch. des
    Niederrheins I. 1. p. 98—116.

2. Man vergl. Taf. XIII. XVI. 1. XX. u. s. w.

3. Dem fabrikmässigen Massenbetrieb vom Ende der Calcarer Schule gehören an: Altäre zu
    Linnich, Pfaffendorf, Münz, Mersch, Güsten und Bürvenich. Vergl. Text zu II. p. 3.

1. Binterim und Mooren, Erzdiöcese I. 83. Gelenius: de magnitudine Coloniae, lib. III. p. 385.
    Lacomblet, Urkundenbuch I. 164. 184 u. ff.   An. Brunwil. bei Pertz Mon. Script. I. 97.
    Böhmer Fontes III. p. 382—88.   Vita Ezonis, neueste Ausgabe von Harless in Lacom-
    blet's Archiv IV. p. 174.

chenbau, schon 1028 vom Erzbischof Pilgrim geweiht, bald von einem grösseren verdrängt wurde, dessen Crypta 1051 und der übrige Bau im Jahre 1061 vom h. Anno die Weihe empfing und wol Ende des 12ten Jahrh. schon Umgestaltungen erhielt. [2] Die Kirche war ausgezeichnet durch die Gräber ihrer Stifter und deren Angehörige [3] und einen ansehnlichen Kirchenschatz [4] und verbleibt es durch ihre Architectur wie die inhaltreichen romanischen Wandmalereien. [5]

5

Maria mit dem auf griechische Weise segnenden Jesus-Kinde, unter einem Baldachin thronend, und vier Heilige, Steinrelief in der Westwand der Crypta. Die vier männlichen Heiligen hielten Schriftbänder, von denen zwei noch vorfindlich dem 71. Psalm und der Weisheit Salomonis c. 16 v. 13 entnommen sind und lauten:

1) Ador(a) bunt eum omnes reges (omn)es gentes serv̄(ient) ei.

2) Tu es Domine qui habes potestatem vite. et mortis.

Die Grösse des Kindes und die langen Figuren zeigen noch den durch die Mutter der Gründerin, die Kaiserin Theophanu, verallgemeinerten byzantinischen Geschmack, weshalb wir dieses Relief, als der ersten Bauperiode angehörig, ans Ende des 11ten Jahrhunderts setzen. [6] Höhe des Reliefs 3′.

6.

Spätromanischer Hochaltar aus der zweiten Bauperiode der Kirche. Die Schäfte der kleinen vortretenden Säulen sind von schwarzem Marmor, die gemalten Figuren in den Feldern erneut. Die Länge beträgt 7′ 2″, die Höhe 3′ 4″.

7. 7a. 7b.

Zwölf an der Aussenseite des Westthurmes eingemauerte einzelne Relieffiguren, von denen sechs dem Thierkreise angehören, und welche wahrscheinlich zumeist iusammt des unter 5 verzeichneten Reliefs und zweier noch umherliegender, 26″ langer, 20″ hoher Lämmer in den Klauen haltender ruhender Löwen, ein Portal des ältern Baues bildeten. [7] Das Lamm mit dem Kreuze (7a) dürfte dem Schlussstein des Portalbogens angehören. Letzterer Stein misst ungefähr stark 1′ im Gevierte, die übrigen haben meist ungefähr 2′ Höhe.

---

2. Giersberg im Organ für christl. Kunst I. p. 10. 42. 92. II. 14. Vergl. Gelen de magnit. Col. p. 365 und Chronicon Brunwyl. Heft XVII. p. 122—126 der Annalen d. h. Ver. für den Niederrhein.

3. Die Epitaphien in der Vita Ezonis, dem Chronicon Brunwyl. p. 120, der Voyage litteraire de deux relig. Benedictins, Paris 1724, II. p. 268, sind verschwunden, die Gräber zum Theil versetzt.

4. Gelen l. c.

5. Erstere in Förster's Bauzeitung 1860, letztere vorläufig Jahrb. d. Ver. v. Alterth.-Fr. im Rheinl. XI. und in Reichensperger's verm. Schriften; eine ausführliche Publication bringt die Abth. der Malerei unseres Werkes.

6. Kugler, kl. Schr. II. 258, datirt irrthümlich alle Brauweiler Steinsculpturen Anfangs des 13ten Jahrh. Auf unserer Abbildung ist vom Lithographen die segnende Hand des Christusknaben ungenau wiedergegeben.

7. Das ehemalige Hauptportal des Domes zu Tournai zeigte ebenfalls die Darstellung des Thierkreises.

8.

Romanisches Portal am Westeingange der Kirche. Höhe 12½′. Der Thürsturz zeigt in flachem Relief zwei in einander geschlungene, sich in den Schwanz beissende Schlangen nebst zwei heranspringenden Löwen. Von dem ornamentirten Thürpfosten, deren Dickseiten in unserer Abbildung geometrisch nebengezeichnet sind, zeigt diejenige links ebenfalls eine Schlange. Die freistehenden Säulen haben Eckblätter an den Basen und dürften später hinzugefügt sein.

9.

In den Bogenfeldern über den beiden Thüren, welche aus dem Chore nördlich und südlich in die Sacristeien führen, befindet sich je eine in Stein sculptirte, sitzende, 2½′ hohe Prophetengestalt. Unsere Abbildung zeigt diejenige der südlichen Thüre, welche auf einem Spruchbande die Worte verkündet: Asperges: me: Hyssopo: et mundabori: Ps. [8]   13tes Jahrhundert.

10.

Gravirte Metallplatte vom Grabe des Abtes Adam von Herzogenrath, ungefähr 8′ hoch und aus fünf Stücken zusammengesetzt. Die Randschrift, welche ihrer Erneuerung halber auf der Abbildung wegblieb, lautet: Año. dom. incarnationis millesimo quadriogentesimo octogesimo tertio obiit reverend. dominus Adamus de Hertzogenrade. Requiescat in pac(e) Amen. Die Platte ist vor einigen Jahren renovirt und von ihrer ursprünglichen Stelle an die Wand des nördlichen Seitenschiffes versetzt.

11.

Silbervergoldete, im Dreieck angelegte Monstranz, 28″ hoch, 8¼″ breit im Fusse. Der Rand unter dem Glase trägt die Namen der h. Dreikönige: Jaspar. Melcior. Baltasar. [9]

FRAUENBERG.

Angeblich 699 schon als villa im Zülpichergau genannt, [1] ward 1067 vom Erzbischof Anno II. durch die Gründung und den Bau einer Stiftskirche ausgezeichnet, [2] von welcher sich in jetziger Pfarrkirche nur geringe Spuren nachweisen lassen. [3]

---

8. Die schwarz aufgemalten Worte sind dem 31sten Psalm, diejenigen der andern Prophetengestalt: Lavabo inter innocentes manus meas, dem 70ten Psalm entnommen.

9. Eine Abbildung dieser Monstranz hat auch das Organ f. chr. K. III. Nr. 21. — Ausser mehreren romanischen mit symbolischen Figuren verschonen Capitellen, die wir der architektonischen Abtheilung unseres Werkes vorbehalten, besitzt die Kirche zu Brauweiler noch aus der zweiten Hälfte des 16ten Jahrh. im Renaissancestil den sehr schönen Antoniusaltar, aus der Zopfperiode ebenfalls einen geschnitzten Altar, Beichtstühle, Chorschranken und Grabsteine.

1. Binterim, Erzdiöcese I. p. 162.
2. Lacomblet, I. 209. Katzfei, Geschichte von Münstereifel, II. p. 76.
3. Organ für christl. Kunst, 1863, p. 99.

Taf. LII.

1.

Silbervergoldeter Messkelch, 7¼″ hoch, welcher angeblich von Anno II., mithin aus der zweiten Hälfte des 11ten Jahrhunderts herrühren soll. Die zwölf Apostelfiguren am Rande der Kuppa sind gravirt, die Blattornamente getrieben.[4]

MUENSTEREIFEL.

Stadt in der Eifel, welche ihren Ursprung und Namen von dem Mitte des 9ten Jahrhunderts zu Ehren der hh. Chrysantus und Darius durch den Abt Marquard von Prüm gegründeten Kloster, novum monasterium in Eiflia, hernimmt.[1]

2.

Grabdenkmal in rothem Sandstein des Ritters Gottfried von Bergheim in der Stiftskirche, 9′ 3″ lang, 5′ 7″ breit und 3′ hoch. Die liegende, lebensgrosse Figur des Verstorbenen trägt um das Haupt eine mit Rosetten geschmückte Binde, einen Rosenkranz in den gefalteten Händen, Schwert und Schild an der Seite, und hat Löwe und Hund zu Füssen. In gesonderten Nischen befinden sich zu beiden Seiten der Statue auf der Deckplatte drei, an den Schmalseiten der Tumba je vier, auf deren Langseiten je sieben Relieffiguren, welche zumeist Familienmitglieder des Verstorbenen darzustellen scheinen. Ihre nunmehr leeren Wappenschilde dürften einst bemalt gewesen sein. Die Schrift auf dem Rande der Tumba lautet: Anno domini millesimo trecentesimo tricesimo quinto, ipso die inventionis sanctae crucis Godefridus dominus in bergheim, cuius anima per misericordiam dei requiescat in pace, Amen.[2]

KIRCHSAHR.

Pfarrdorf, früherhin untergeben dem Stifte zu Münstereifel.

---

4. Dem Vernehmen nach hatte dieser Kelch einen Deckel, welcher in bekannter Weise durch den Sammeleifer des Herrn Ehrencanonikus Bock in Aachen verschwand. Aehnliche Kelche befinden sich in den Domen zu Hildesheim und Basel, und bei Didron, An. archéol. XIX. p. 149. In der Frauenberger Kirche ist noch zu beachten ein eiserner Standleuchter und ein romanischer Taufstein, letzterer mit vier Köpfen und Bestien am Rande des Beckens, dessen reichen gothischen Deckel-Aufsatz das Erzbischöfliche Museum in Cöln besitzt.

1. Binterim und Mooren, Erzdiöcese I. p. 80; Katzfey, Gesch. d. Stadt Münstereifel; Mering, Gesch. d. Burgen, Klöster etc. III. p. 34. Floss, Münstereifeler Chronik in den Annalen des hist. Ver. f. d. Niederrhein XV. p. 195.

2. Katzfey, I. 77. Bärsch, Eifel III. 1. 1. p. 318 u. 331. Daselbst ist noch vorhanden ein spätgothisches Ciborium mit der Inschrift: R. D. Petrus Bohr Can. Monast. Eifliae 1659; ein Sacramentshäuschen, gestiftet 1480 von dem Stiftsgeistlichen Friedericus Roir, dessen kleine inschriftlich bezeichnete Statuette am Fusse angebracht ist (Kugler, kl. Schr. II. 254); ein spätgothischer, handwerksmässig gearbeiteter, dreisitziger Celebrantenstuhl in Holzschnitzwerk mit einigen figürlichen Verzierungen (Sirene, Pelikan, Affe u. s. w.) und ein hölzerner spätgothischer Reliquienkasten, Kugler, kl. Schr. II. 300.

3.

Aquamanile gleicher Grösse aus Gelbguss, frühestens dem 14ten Jahrh. angehörig. [1]

EUSKIRCHEN.

Städtchen, dessen Anfänge angeblich in's 9te Jahrhundert reichen, und das ehemals zu den vier Hauptstädten des Herzogthums Jülich gehörte. [1]

4.

Gothisches Rauchfass von Silber, 11″ hoch.

BONN.

Ursprünglich ein römisches Castell, [1] im frühen Mittelalter sowol durch die Legende vom Martyrium eines Theils der thebäischen Legion und der ihren Märtyrern Cassius, Florentius, Mallusius zu Ehren von der Mutter Constantin d. Gr. der Kaiserin Helena gegründeten Kirche, als in historischen Nachrichten genannt. [2] Bis zum 13ten Jahrhundert bildete der Bezirk der Martyrerkirche, welcher unter dem Namen villa basilica und Verona auftritt, den Mittelpunkt der Ortsgeschichte. [3] Die Stiftskirche S. Cassius und die nach der Legende gleichem Ursprunge entstammenden Stiftskirchen S. Gereon in Cöln und S. Victor in Xanten waren mit der Würde des Archidiaconats bekleidet und nahmen die erste Stelle nach der Cölner Domkirche ein. [4] Als sehr alte kirchliche Gründungen sind auch die 1812 abgebrochene Martinskirche und das ebenfalls verschwundene Kloster Diethkirchen zu bezeichnen. [5] 1243 verleiht Erzbischof Conrad Bonn Stadtrechte und befestigt die neue Stadt, [6] welche in Folge der Streitigkeiten zwischen Erzbischof Engelbert II. und der Stadt Cöln neben Godesberg und Poppelsdorf vorzugsweise die Residenz der Cölner Kirchenfürsten wurde. [7]

1. M. vergl. Holmbay, Norske Vaogbledder, Christiania 1863; Organ für christl. Kunst, 1861, p. 42; Mittheil. d. k. k. Centralcommission, 1859, p. 36 und 49 u. s. w.

1. Binterim und Mooren, Erzdiöcese I. p. 167. Lacomblet, Urkundenbuch III, 101 u. Archiv IV, 39. Aus der romanischen Epoche befindet sich hier ein roher Taufstein auf vier Säulen mit vier Köpfen und Bestien am Becken; aus spätgothischer Zeit eine schöne Monstranz, ein Sacramentshäuschen (Kugler, kl. Schr. II. 254), ein geschnitzter, nunmehr in zwei neue Altäre vertheilter Altar (II. 270) und Reste einfacher Chorstühle. In der nördlichen Chorwand ist das aus dem 17. Jahrh. herrührende marmorne Epitaphium des Heinrich von Binsfeld und seiner Familie zu vermerken.

1. Dorow, Denkmale germanischer und römischer Zeit etc. I, B. Jahrb. d. Ver. v. Alterth.-Fr. im Rheinl. I. p. 22. IV. p. 115. VII. p. 146. XVIII. p. 117 u. s. w.

2. Binterim und Mooren, Erzdiöcese, I. p. 78 und 147; Hundeshagen, Stadt und Universität Bonn, 1832.

3. Lacomblet, Archiv, II. 1. p. 65.

4. Günther, Cod. dipl. Rhen.-Mosell. I. Nr. 104. 122. 125.

5. Annalen d. hist. Vereins f. d. Niederrhein, 13. u. 14. Heft, p. 148 ff. Binterim und Mooren, Erzdiöcese, I. p. 79.

6. Lacomblet, Urkundenbuch, II. 284.

7. Müller, Gesch. der Stadt Bonn, p. 72, gibt als Jahr der Verlegung der erzbischöfl. Residenz nach Bonn 1267 an, nach Vogels Bönnischer Chorographie I.

5.

Kleiner, ungefähr 3′ in der Länge messender Löwe von Stein, welcher unter sich
ein anderes Thier niederhält. Die Gruppe befindet sich nunmehr im Hofe des Rathhauses
und war früherhin auf der Stadtmauer in der Nähe der Münsterkirche S. Cassius, eine
gleiche auf dem Platze vor derselben, aufgestellt. In Folge des Vorkommens einer ähnlichen
Darstellung in den Stadtsiegeln des 14ten und 16ten Jahrhunderts hat man darin ein altes
Wahrzeichen, wie in dem Vorgange eine Begattung zu erkennen geglaubt, und das nieder-
gehaltene Thier als „eberartig" bezeichnet.[8] Indessen stellt sich bei genauer Betrachtung
der Behaarung des Halses und der gespaltenen Klauen der Beine heraus,[9] dass letzteres ein Lamm sein soll. Dadurch erhält die Gruppe jene christlich-symbolische Bedeutung, welche ihre zu Grunde liegende Erklärung findet in I. Petri 5, 8: Ener Widersacher
der Teufel gehet umher wie ein brüllender Löwe und suchet, welchen er verschlinge. Das
erwähnte paarweise Vorkommen des kleinen Denkmals in der Umgebung der nach ihren
vorhandenen ältesten Theilen dem 11ten Jahrhundert entstammenden Kirche,[10] lässt es nach
der typisch sich wiederholenden Anbringung derselben Darstellung an den Portalen vieler
anderen Kirchen wahrscheinlich erscheinen, dass es zu den Portalfiguren eines frühern Ein-
ganges der S. Cassiuskirche gehörte.

6. 6 a.

Reste gleicher Grösse der Bronceekleidung eines hölzernen Kästchens im Museum vaterländischer Alterthümer.[11] Die zehn getriebenen Reliefgruppen stellen, links unten beginnend, dar: 1) das Opfer Abrahams; 2) Moses schlägt Wasser aus dem Felsen, neben
welchem eine kleine Figur, das dürstende Volk repräsentirend, bereits trinkt; 3) Jesus heilt
das sein Gewand berührende blutflüssige Weib; 4) Daniel in der Löwengrube; 5) der
Gichtbrüchige nimmt nach seiner Heilung das Bett auf den Nacken und eilt hinweg; 6) das
Opfer Abrahams; 7) die drei Männer im feurigen Ofen; 8) eine verstümmelte Gruppe
zweier Männer; 9) die Auferweckung des Lazarus; 10) die drei Männer im feurigen Ofen.
Nach dem Charakter der Compositionen, wie der von den Randverzierungen herrührenden
Köpfe (6 a) gehören diese Bildwerke den ersten christlichen Jahrhunderten an.

7.

Memorienstein, 2′ 6″ und 1′ 2¼″ messend, aus dem meist bei römischen Denkmälern
der Rheinlande verwendeten Jurakalk gearbeitet und spätestens dem 10ten Jahrhundert entstammend. Der Stein war zur Fundamentirung einer Säule der um 1050 gebauten Crypta
der Münsterkirche verwendet, mithin damals schon zwecklos geworden, und wurde von uns

---

8. Jahrb. d. Ver. v. Alterth.-Fr. I. p. 30 und III. p. 22 ff.
9. Meinem verehrten Freunde, dem Professor der Zoologie H. Troschel, verdanke ich diese
   Bestimmung des kleineren Thieres.
10. Eine im Museum zu Wiesbaden befindliche ähnliche Gruppe dürfte vielleicht durch Dorow
    von Bonn dorthin gekommen sein. Aus der Schweiz theilt eine analoge Darstellung Bla-
    vignac Histoire de l'architecture en Suisse Pl. X bis mit.
11. Jahrb. d. Ver. v. Alterth.-Fr. im Rheinl. XIII. p. 141. Overbeck, Catalog des rhein.
    Mus. p. 151.

6*

dort zu seiner Entzifferung weggenommen und in der Wand des Kreuzganges eingemauert. Die Kreuzinschrift OBIIT K ÷ OCTBR. REMIGII VIDVA LAICA empfiehlt die Wittwe und Laie Remigia (?) dem frommen Gedächtniss, die Randinschrift: DILIGAM..V.....AA. CARITA...DEO ES..VI DILIGIT ERAT EMS.V...VII...... \TVS EST ⚔ VIVIT IN EO ÷ ist entnommen den Worten I. Joh. 4, 7: Diligamus nos invicem quia caritas ex deo est. Et omnis qui diligit ex deo natus est. Seitlich des obern Kreuzarmes erscheinen in flachem Relief die fackeltragenden Brustbilder der Personificationen von Sonne und Mond.[12]

Da unsere LII. Tafel nicht den hinreichenden Raum mehr darbot, lassen wir nachfolgend zwei in der Münsterkirche befindliche Grabmäler cölnischer Erzbischöfe in Holzschnitt folgen:

1) Die Deckplatte des seines architectonischen Schmuckes nunmehr beraubten, 9' langen, 4' breiten und 2¼' hohen steinernen Sarcofages des 1275 gestorbenen Erzbischofs Engelbert II., welche folgende Inschrift auf drei Seiten des Randes trägt:

Engelbertus de Falkenburg Archiep̄is . Col:
Floreat . in . celis . tua . laus . verona . fidelis.
Filia . tu . matris . Engilberti qua patris
Que tua . metropolis . non habet . ossa colis.

Ueber dem Haupte des in seinem Pontificalgewändern daliegenden Kirchenfürsten tragen zwei Engel in einem Tuche die Seele des Verstorbenen in Gestalt einer kleinen betenden und nackten menschlichen Figur empor. Die Engelgestalten, die obere Hälfte des Bischofsstabes und der Vordertheil der Mitra sind zerstört. Der Kirchenfürst steht auf einem Löwen und trägt mit einem Edelsteine verzierte Handschuhe, darüber am Goldfinger der rechten Hand den Bischofsring. Angeblich war das Denkmal früherhin polychromirt.[13] 14. Jahrhundert.

2) Die steinerne, 8' 3" lange Tumba des 1480 gestorbenen cölnischen Erzbischofs Rupert von der Pfalz mit der Inschrift auf drei Seiten des Randes der Deckplatte:

12. Jahrb. d. Vereins v. Alterth.-Fr. im Rheinl. XXXII. p. 114. Annalen des histor. Vereins für den Niederrhein, Heft 12, p. 191, wo Braun lediglich eine Recapitulation des in d. Jahrb. von uns Gesagten liefert.
13. Aus Zweckmässigkeitsgründen hat der Kirchenvorstand das Denkmal von seinem schönen Standpunkte unter der Orgel entfernt und an die Wand des nördlichen Seitenschiffes versetzt.

Anno . Dɯ̄ı . MCCCCLXXX . XXVI . mensis . Julii . Obiit . Reveren-
dissimus . in Xpo . Pr̄ . et . Dūs . Dūs . Ropertus . Archiepus . Colo-
niẽn . cuius . Aua . Requiescat Feliciter Amen.

Bekleidet erscheint die auf der Deckplatte ruhende Figur mit den Pontificalgewändern,
Handschuhen und dem Bischofsringe über denselben. Der Bischofsstab ist seitlich der Mitra
oben abgebrochen. Zu Füssen ruht ein Löwe. In den vier Ecken der Deckplatte befinden
sich vier kleine Wappenschilde, welche abwechselnd ein gleicharmiges Kreuz und einen nach
rechts springenden gekrönten Löwen zeigen. Dieselben Wappenbilder, combinirt mit andern, erscheinen auf zwei noch erhaltenen derjenigen Schilde, welche ehemals in allen Bogen der Gewände der Tumba angebracht waren. Das Grabdenkmal hat noch die Reste alter
Bemalung.[14]

REMAGEN.

Ursprünglich eine römische Niederlassung, welche noch im 10ten Jahrhundert den Namen Riogomagus[1] führte, im Jahre 1003 eine Pfarrkirche, Zoll- und Münz-Gerechtsame
hatte. Auf dem nördlich von der Stadt belegenen Hügel befand sich eine zweite, dem h.

14. Das ehemals in der gleichen Kirche befindliche Grab des 1299 gestorbenen Erzbischofs
Siegfried von Westerburg (vergl. Hüpsch, Epigrammatografie, p. 23 und 28, und Beschreibung der Cölner Domkirche von A. E. d'H., Cöln 1821, p. 71) ist verschwunden. Im
Chore befindet sich ein spätgothisches Sacramentshäuschen und im nördlichen Seitenchor
eine vergoldete, dem 16ten Jahrhunderte angehörende Madonna von Holz, welche Kugler
irriger Weise für getriebene Arbeit ansah. Kl. Schriften, II. 134. Das auf der Strasse
nach Coblenz zwischen Bonn und Godesberg im 14. Jahrh. unter Erzbischof Walram errichtete Hochkreuz (Jahrb. d. Ver. v. Alterthums-Fr. XXVI. p. 160 und XXX. p. 131
und Vogel, Chorographie, p. 140 der ersten Fortsetz.) ist durch seine zu durchgreifende
Renovation zum neuen Denkmal geworden.

1. Lacomblet, Urkundenbuch, I. 88.

Martinus geweihte Kirche, die 1117 schon antiquissima genannt wird und in demselben Jahre unter die Abtei Siegburg gelangte. Letztere gründete für den Chordienst eine Propstei dazu.[2] In Folge der Uebertragung des Hauptes des h. Apollinaris im Jahre 1164 hierhin nahm die Martins-Kirche den Namen des h. Apollinaris an. Die Pfarrkirche wurde gemäss einer an der Aussenwand des Chores befindlichen Inschrift in Folge eines Neubaues im Jahre 1246 geweiht.[3]

8.

Romanisches Portal zu Remagen, 10′ 11″ hoch, 9′ 9¼″ liehte Bogenweite, hergestellt aus Trachitsteinen des Siebengebirges, und nunmehr in eine moderne Hofmauer des Pfarrhauses eingefügt. Bei der Betrachtung dieses Portales sind besonders zwei bisher niemals berücksichtigte Momente ins Auge zu fassen:

1) dass die neben dem Thorbogen regellos eingemauerten sculptirten Steine als Nebenpforte in der Weise reconstruirt werden müssen, wie dies zuerst in bauverständiger Weise von Hundeshagen [4] und darnach von uns geschehen ist. Den zwingenden Beweis für die Richtigkeit dieser Reconstruction ergeben die beiden durch letztere zur Erscheinung tretenden Ecksäulen der Thürwandungen, wie die ausgesparten Einfügungen und Gesimsleisten am Thürsturze.[5]

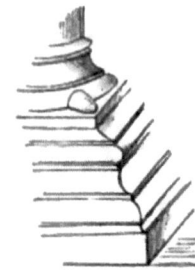

2) Dass einige der vier Säulenbasen noch deutliche Eckblätter in der primitiven Pflockform beistehender Abbildung zeigen.[6]

Aus letzterer Wahrnehmung gewinnen wir den sichern Anhalt, das Remagener Thor keinenfalls früher als in das Ende des 11ten Jahrhunderts setzen zu dürfen. Fügen wir dem hinzu, dass die im Thal liegende, ursprünglich romanische Pfarrkirche vor 1246 einen gothischen Umbau erfuhr und in diesem Jahre neu geweiht wurde, so stellen sich keine Bedenken der nahe liegenden

2. Lacomblet, Urkundenbuch, I. 284.
3. Kinkel, die Ahr, p. 152. Binterim und Mooren, Erzdiöcese, I. p. 141.
4. Vormaliges Portal des Pallastes Sconilare zu Remagen. Nach den Resten wiederhergestellt von B. Hundeshagen 1824. C. Collard sc. Bonn bei Habicht. Nach diesem Blatte hat die Sayner Hütte ein Eisenrelief hergestellt. Obgleich der Thorbogen in seinem jetzigen Aufbau nur einen glatten Schlussstein hat, so fügten wir nach Hundeshagen deren drei ein, weil die Weite des Bogens dies verlangt.
5. Simrocks Bemerkung (deutsche Mythologie, 2te Aufl., p. 532), dass er auf dem Berge weitere Fragmente des Portals habe umherliegen sehen, hat uns zu einer sorgfältigen Nachsuchung veranlasst. Wir fanden im Garten daselbst ausser vielen spätern Fragmenten indess nur vier sculptirte Capitelle gleicher Zeit und Arbeit. Von diesen zeigen zwei die Wiederholung des geflügelten Drachen mit dem Zweig im Maule vom dritten Pfeiler und die beiden gegenüberstehenden Vögel vom Thorbogen, welche hier einen Zweig im Maule halten. Zum Portale können diese Capitelle indess nicht gehört haben, da ihre Dimensionen ganz verschieden sind.
6. Von zwei Säulenbasen sind die Eckblätter abgeschlagen. Dass Braun in seiner Schrift: das Portal zu Remagen; Bonn, 1859; weder den ersten noch den zweiten Punkt erkannte,

Annahme entgegen, unser Denkmal für das beim gothischen Umbau beseitigte Portal der romanischen Pfarrkirche zu halten.[7] In die Controverse der symbolischen Bedeutung der einzelnen Figuren ist hier nicht der Ort einzutreten,[8] und begnügen wir uns, die letztern vollständig und genau festzustellen.

1) Von den vier Capitellen zeigte das zerstörte linke jener beiden der Nebenthüre einen gefiederten Vogel; das rechte den am Halse geschuppten Kopf eines Drachen (dessen Leib sich auf dem anstossenden Steine fortsetzt) und unter demselben die Reste eines Vogels. An den beiden Capitellen des Thorbogens erblicken wir links zwei bärtige Menschenköpfe, rechts über einem Blattkelche zwei gegen einander liegende vierfüssige Thiere mit langem Schweif.

2) An den drei Pfeilern befinden sich folgende Darstellungen: der erste Pfeiler links zeigt unten eine männliche Figur, welche mit beiden Händen einen Baum umfasst und nach der Sichtbarkeit der Wurzeln auszureissen scheint, darüber einen durch seine Tonsur charakterisirten nackten Mann, der in einer Bütte sitzt,[9] zu oberst einen ins Horn stossenden, von einem Hunde begleiteten Reiter; Zaum und Steigbügel fehlen nicht. Der zweite Pfeiler hat unten die Darstellung eines bärtigen Kriegers mit Schild und Lanze, welcher auf eine ungeschickt gebildete menschliche Figur tritt, oben einen geflügelten Drachen. Der dritte Pfeiler vergegenwärtigt unterhalb Simson mit langem Haar und Bart, wie er den Löwen zerreisst, auf welchem er gleich einem Reiter sitzt, und oberhalb einen geflügelten Drachen, der einen Zweig im Maule hält.

3) Der Thürsturz der Nebenthüre zeigt einen von zwei Greifen gezogenen Wagen, in welchem ein gekrönter bärtiger Mann sitzt, der zwei oben mit kleingeschwänzten Thierfiguren verzierte Scepter emporhält. Unzweifelhaft bezieht sich diese Gruppe auf Alexander d. Gr. Greifenfahrt.[10]

kennzeichnet den Mangel an Methode, welche dessen geistvolle Arbeiten so oft schnurstracks vom richtigen Ziele abführte. Die Eckblätter übersah auch Kugler kl. Schr. II. 256.

7. Von der ältern Kirche auf dem Berge dürfte das Portal um deswillen nicht herrühren, weil erstere noch stand, als letzteres schon seine jetzige Stelle neben dem Pfarrhause einnahm. Kleins Rheinreise, 2te Aufl. p. 481.

8. Um so weniger, da Major Stengel in Wetzlar für die Jahrb. d. Vereins v. Alterth.-Fr. im Rheinl. einen neue Deutung beabsichtigt.

9. Nach Braun Noah, nach Kinkel S. Theonast, nach Simrock Kwasir oder Gredel u. s. w.

10. Riggenbach, p. 60 des V. Jahrg. d. Mittheil. d. k. k. Centralcommission.

4) Im Thorbogen sehen wir links beginnend folgende Gestalten: 1) Sirene mit Ru-
der und flossigem Fischschwanz, an welchem letztern sich Vogelfüsse befinden.
2) Bärtiger Mann hält mit den Händen seine beiden, oben mit Flossen versehenen
Fischschwänze empor, zwischen denen sich eine Andeutung der Genitalien zu befinden scheint. 3) Phantastisches Thier mit bärtigem, männlichem Kopf, gefie-
dertem Vogelleib und Fischschwanz. 4) Zwei gegenüber stehende Vögel (eher
Gänse als Rebhühner, welche letztere Braun will), zwischen deren Köpfen sich ein
Doppelzweig befindet. 5) Ein Fuchs. 6) Männliche Figur mit Andeutung von Brüsten,
die mit der linken Hand ihren in einen Büschel endenden Fischschwanz in die
Höhe hält, auf die rechte sich aufstützt.[11] 7) Huhn, in der Schlinge gefangen.
8) Auf dem Rücken eines Fisches, denselben zerfleischend, steht ein Adler, dessen
Rücken ein menschliches Angesicht zeigt. 9) Schwein mit drei säugenden Ferkeln.
10) Sirene mit Fischschwanz, welche auf dem Rücken in einem Korbe drei
Fische, unter dem linken Arme ebenfalls vier solcher und in der rechten Hand
einen trägt.[12]

Ob dem über der Seitenthüre eingemauerten Löwen mit offenem Rachen ein zweiter
entsprach und wie dieselben angebracht waren, darüber lässt sich keine Entscheidung treffen,
wenngleich die unter dem Löwen befindliche und mit diesem ein Stück bildende Platte, ein
Aufliegen auf den Capitellen, als Zwischenglied zwischen diesen und dem Bogen vermuthen
lässt.[13]

LAACH.

Benedictinerabtei am gleichnamigen See, welche Pfalzgraf Heinrich II. und seine Gemahlin Adelheid 1093 zu Ehren des h. Nicolaus und der Jungfrau Maria gründeten. Die
jetzige herrliche Kirche wurde 1156 geweiht.[1]

9. 9 a.

Grabmal des 1095 gestorbenen Stifters, errichtet im 13ten Jahrhundert[2] im West-
chore der Kirche. Unter einem von sechs etwas aus dem Loth gestellten Säulen getrage-

---

11. Irrig soll er nach Braun das Ohr zuhalten.

12. Das von Braun erkannte Messer ist ein Fisch.

13. Es befinden sich in der Pfarrkirche zu Remagen ein spätgothisches Sacraments-
    häuschen, ein spätgothisches h. Grab und Crucifix: Kugler, kl. Schr. II. p. 272 und 73;
    in einem Nebenraum der Crypta der neuen Apollinariuskirche ein aus dem ehemaligen
    Hospital z. h. Geist in Boppard stammender naturalistisch geistvoll geschnitzter grosser
    Christus am Kreuz aus dem 15. Jahrh.

1. Beyer und Eltester, Mittelrhein. Urkundenbuch, II. p. CLXXVIII. Wegeler, Kloster Laach,
   Bonn 1854.

2. Nach Tolner, Histor. Palatin. p. 279—80, wurde das Denkmal unter dem 11ten Abte von
   Laach Theoderich von Lehmen (1252—95) errichtet. Vergl. Geier und Görz, Denkm.
   röm. Bauk. a. Rhein, II. L. p. 1. Schnaase, V. 498. Kugler, kl. Schr. II. p. 260. Ein
   späteres Epitaphium theilt Wegeler p. 89 mit.

nen Baldachin, dessen offene Gallerien und durchbrochenes Masswerk eine seltsame Mischung romanischer und frühgothischer Motive zeigen, steht der in frühgothischer Architectur ausgeführte Sarcofag, auf welchem die lebensgrosse, in Holz geschnitzte Figur des Verstorbenen liegt. Die gemalten Figuren der Aebte u. Klosterbrüder in den Nischen und Medaillons an den Wänden des Sarcofags sind wie die Statue gemäss den alten Farbenresten, neu bemalt; ebenso das Kirchenmodell in der rechten Hand des Verstorbenen nachgebessert.[3] Letzterem zu Füssen ruhen ein Löwe und Drache, sein Gürtel hält Schwert, Messer und Tasche, die die Halskette fassende Linke schmückt ein mit dem Bilde einer Schildkröte versehener Ring. Das Gewand zeigt ein goldnes Stoffmuster, nämlich Doppelringe, zwischen welchen ein an den Enden ausladendes Kreuz und in welchen ein dreithürmiger Bau sich befinden. Zwei Wappenschilde, ein goldner Löwe im blauen u. ein weisser Adler im rothen Felde stehen seitlich des Hauptes. — Die hinteren beiden Säulen haben zur Basis Thierpaare, bei denen ein Löwe noch erkennbar ist. Mit Ausnahme der beiden vordern Säulenschäfte von Kalksinter[4] und der Statue, besteht das Denkmal aus vulkanischer Lava, seine Höhe beträgt ungefähr 20 Fuss.

10.

Grabstein von rothem Sandstein in der Crypta mit erhöhten Lineamenten. Länge 6′ 8″, Breite 2′. Diese Platte, an welcher nunmehr ein Längenrand fehlt, rührt wahrscheinlich von einem der vielen fränkischen Gräber der Umgegend her, von welchem sie in die Crypta übertragen wurde.

11.

Grabdenkmal des 1152 gestorbenen Abtes Gilbertus von Laach, aus der zweiten Hälfte des 12ten Jahrh., ungefähr 2′ 3″ breit u. nach seiner untern Verstümmlung noch 3′ 9″ hoch. Dasselbe befand sich früherhin im Fussboden der Crypta. Das Bildniss des Abtes st ganz in buntem Steinmosaik ausgeführt und steht als Bezeugung dieser Technik für die angegebene Zeit im Norden Deutschlands ziemlich einzeln da. Die im untern Theile sammt den Fussenden der Figur nunmehr zerstörte Inschrift lautete vollständig:

Gilbertus . abbas . h . m . p .

Preclarus genere meritis preclarior abbas

Gilbertus iacet hie virtutis regula cunctis

Abbatis titulo monachi vel nomine functis.

Idüb. octonis quando $\overline{\odot}$ leo regia solis

Decessit vita; requiescat pace beata.[5]

---

3. Lassaulx zu Kleins Rheinreise, 2te Aufl. p. 478.

4. Der Kalksinter, ein künstliches, durch den Niederschlag im römischen, aus der Eifel nach Cöln führenden Aquaduct gebildetes Mineral, kam in der romanischen Bauperiode zur Ausschmückung vieler rheinischen Kirchen zur Verwendung.

5. Das Mosaikbild befindet sich jetzt in dem sogenannten vaterländischen Museum zu Bonn. Dorow, Denkmäler, p. 152. Lersch, Centralmuseum, II. p. 67. Overbeck, Catalog des rhein. Museums, p. 47. Spätere Grabsteine aus Laach stehen im Thoreingange der Burg Bürresheim bei Mayen. Im Chore trifft man Reste der ursprüngl. Fussbodenfliessen in

Die erste Zeile dürfte als Titel vor dem Elogium aufzulösen sein in: Gilbertus abbas
hujus monasterii primus; das Zeichen zwischen quando und leo bedeutet nach Orelli In-
script. III. p. 220: mortuus, welches Wort freilich nach Sinn und Vers hier überflüssig
erscheint. Wahrscheinlich ist es im gegenwärtigen Falle als astronomische Figur für die
betreffende Stellung der Sonne anzusehen, da letztere vom 23. July bis 23. Angust im
Zeichen des Löwen steht, mithin der Todestag Gilberts auf VIII. Id. August (6. August)
fällt, was auch vom Kalendarium der Abtei bestätigt wird.

ANDERNACH

tritt als das römische Castell Antunnacum in die Geschichte, aus diesem entstand der mero-
vingische Königshof (Antunacense castrum), welchen Kaiser Otto III. 998 der Marienkirche
zu Aachen schenkte. Kaiser Friedrich I. gab 1167 den Ort selbst ans Erzstift Cöln. [1]
Die ältere Pfarrkirche, von welcher noch der nördliche Thurm besteht, ging 1198 zu Grunde,
was Anfangs des 13ten Jahrh. den uns erhaltenen schönen Neubau der jetzigen romanischen
Kirche veranlasste. [2]

12.

Relief über dem Südportal der Kirche. Zwei Engel halten das Lamm Gottes empor.
Ungefähr 8′ lang, 3½′ hoch. 13tes Jahrhundert. Gute Arbeit.

MONREAL

im Mayengau. Die Pfarrkirche wurde 1210 von Graf Herman von Virneburg [1] und Erzbischof Johann von Trier gestiftet.

13.

Kreuz mit vier Löwen am Fusse von Basaltlava auf dem Ausbau einer Brücke, früher
angeblich an einem andern Standort. Höhe 14′ 6″. Obgleich die Füsse der Christusfigur
noch in der ältern Weise neben einander stehen, zeigt doch schon der untere Kreuzesstamm
vorgeschrittene gothische Formen.

     geometr. Musterung an; Heideloff (Ornamentik d. Mittelalters H. XXI. Pl. 3 c.) sah
    1815 daselbst noch die schönen goth. Chorschranken. Ein mittelmäss. Grabstein in ganzer
    Figur des Ritters Cunrath Schillinck v. Lainstein, † 1539 befindet sich in der Kirche zu
    Cottenheim.
  1. Beyer und Eltester, Urkundenbuch, II. p. XXVIII. XXXVI. und CCII.
  2. In der Kirche befindet sich ein denen zu Sayn und Unkel ähnlicher Taufstein auf 6
    kl. Säulen, in der westl. Wand der Grabstein in g. Fig. des 1541 gestorb. Ritters Daniel
    Schilling von Lahnstein, ein spätgoth. Tabernakel und h. Grab in gr. Figuren dieser Zeit,
    wie auch ein spätgoth. Kelch (Organ. f. christl. K., 1859, Nr. 22. Im südl. Thurme er-
    blickt man einen Sarcofag mit noch unentzifferter Inschrift, innerhalb des Rheinthores
    zwei rohe romanische Männergestalten ohne besondere Charakterisirung. Die „byzant.
    Sculpturreste", welche Braun am Rathhause (p. 11 s. Schrift über das Judenbad zu Andernach.
    Bonn 1853) sah, vermochte ich nicht zu finden.
  1. Zwei individuell geschnitzte und bemalte Holzbüsten, wol des Stifters und seiner Gattin,
    befinden sich im Pfarrhause. Vergl. Bärsch, der Moselstrom p. 548.

15. 15 a.

Pectorale der Sebastiansbrüderschaft von Silber und gleicher Grösse. Das Schild zeigt die Jahreszahl 1521. Von dem untern Ringe desselben laufen zwei Ketten zu den Ringen auf dem Rücken des Vogels.

KEHRIG.

Alter Pfarrort im Mayenfeld.

14.

Einer von zwei gleichen kupfernen, ehemals vergoldeten Leuchtern gleicher Grösse.

WETZLAR.

Witlara, Wetzflaria in den Urkunden genannt, beginnt seinen nachweisbaren Ursprung mit dem Collegiatstift B. Mariae Virg., welches von den konradinischen Grafen des Lahngaues im 8ten oder 9ten Jahrhundert gegründet ward. Der Ort blühte wegen seiner günstigen Lage an der grossen Handelsstrasse zwischen Cöln und Frankfurt bald auf, und erhielt 1180 von Kaiser Friedrich I. das Recht freien Handels und andere Gerechtsame. Viele neue Privilegien kamen unter den folgenden Kaisern hinzu, deren glänzendstes die Verlegung des Reichskammergerichts in die freie Reichsstadt im 17ten Jahrhundert war.[1]

Taf. LIII.

1.

Westportal des älteren inneren romanischen Thurmbaues des Domes, ungefähr 15' hoch. Das Capitell der Mittelsäule zeigt vier Adler mit ausgebreiteten Flügeln unter einer mit abgetrepptem Zahnschnitt verzierten Deckplatte. Die im Bogenfelde sich befindenden zwei Schlangenwindungen mit einer nun weggebrochenen Verzierung in der Mitte, vielleicht ein Menschenkopf,[2] dürften jedenfalls einen symbolischen Bezug haben.[3]

2.

Portal des südlichen Seitenschiffes des Domes zu Wetzlar mit folgendem Figuren- schmuck: Im Giebel der thronende und segnende Salvator mundi, über ihm zwei Engel mit einem Spruchband, worauf die Worte: Alpha und Omega, seitlich die Statuen von Abel mit dem Lamme und Kain mit Garbe und Keule; im Bogenfelde die Madonna mit dem Kinde, an der sie tragenden Console eine aus zwei Figuren bestehende Gruppe, auf welche sich der in Wetzlar sprichwörtliche Vers bezieht:

Zu Wetzlar an dem Dom
Sitzt der Teufel auf der Nonn.[4]

---

1. Chelius, Chronik von Wetzlar; v. Ulmenstein, Geschichte und topographische Beschreibung von Wetzlar, 1802—10; Abicht, der Kreis Wetzlar, 1836. 37; P. Wigand, Wetzlar'sche Beiträge, 1840—51; Derselbe, Wetzlar und das Lahnthal, 1862 u. s. w.
2. Nach der Analogie des Westportalcapitells im Dome zu Goslar.
3. Und nicht nur, wie Dronke und Lassaulx, die Mathiaskapelle zu Kobern, pag. 46, No. IV, annehmen, eine blosse Steinverzierung an so hervorragender Stelle sein. Kugler, Gesch. d. Baukunst, II. pag. 459.
4. P. Wigand, Wetzlar und das Lahnthal, S. 40.

7 *

Der Dichter dieses Verses hat sich indessen geirrt; denn die untere, vom gehörnten Teufel mit beiden Armen umfasste Figur ist durch vollkommenen Bart als eine männliche charakterisirt und dürften beide wol den Gegensatz zu der Muttergottes mit dem Jesusknaben bilden. Eine symbolische Bedeutung liegt auch wol den Bestien, aus deren Mäulern das die obere Thüreinfassung umkränzende Blattornament entspringt, rechts ein Bär, links ein Molch, wie jenen Thiergestalten zu Grunde, die ehemals wol zu vier, jetzt zu zweien auf den die Blenden abtheilenden Säulen stehen. Obgleich man in der verwitterten Gestalt der letztern eine Aehnlichkeit mit Affe und Bär finden kann, so glauben wir doch, dass die aus der Anlage erkennbare Vierzahl dieser Figuren wie die Schriftrollen in den Vorderpfoten der Bestie links, den Schluss auf die Symbole der vier Evangelisten gestatten. Die vier in den Blenden stehenden Heiligen stellen dar, Jacobus den Aeltern mit der Muschel, Maria Magdalena in den Händen die Salbenbüchse haltend, zu ihren Füssen den gehörnten Teufel, Catharina gekrönt und auf dem Nacken eines gekrönten Herrschers stehend, und Petrus, dessen Linke abgebrochen ist. Die Architectur des Portals gehört noch dem romanischen Stile an, während die Figuren schon frühgermanisch, indess von sehr roher Arbeit sind, wie letzteres ein Blick auf den untern Theil des Obergewandes der Muttergottes erhärtet.[5]

3.

Südportal des Thurmes am Dome zu Wetzlar. Im obern Theile des Bogenfeldes zeigt der thronende Heiland seine Wundmale, verehrt von Maria, Johannes dem Täufer und drei Engeln; im untern Theile befinden sich zwölf Nischen für nicht mehr vorhandene Statuetten. Am Mittelpfeiler des Portals steht eine gut gewandete Madonnenstatue mit dem Kinde, dessen Kopf nunmehr fehlt. Unter den vier männlichen Figuren in den Blenden sind Johannes und Andreas erkennbar. An den Wandflächen der jederseits vorspringenden Pfeiler setzten sich die Bilderreihen dieser Figuren fort, von denen jetzt nur noch Jacobus der Aeltere rechts vorfindlich erscheint. In der zweiten Etage des Thurmes stehen über diesem Portale auf Consolen und unter Baldachinen Christus, die Wundmale zeigend, Johannes und Maria daneben, und zwei Engel[6] zu äusserst. Die obern Figuren gehören dem 15ten, die untern dem 14ten Jahrhundert an.

4.

Westportal des Domes zu Wetzlar zwischen den Thürmen. Zu oberst im Bogenfelde erblickt man die Krönung Mariä mit zwei musicirenden Engeln zur Seite, und einem dritten krönenden Engel in der Höhe; darunter die Anbetung der h. drei Könige.[7] In den Archivolten erscheinen in der äussern Reihe rechts vom Beschauer die klugen Jungfrauen mit emporgehaltenen, links die thörichten mit gesenkten Lampen; in der zweiten innern Reihe die durch ihre Kopfbedeckungen charakterisirten Propheten. Die Schlusssteine beider Bogen

---

5. Am ersten westlichen Strebepfeiler befindet sich auf einer figurirten Console die Gestalt eines kleinen knieenden Pilgers, welche jedoch zum Portale keine weitere Beziehung zu haben scheint.

6. Einer derselben fehlt jetzt.

7. Für die Costümkunde sind die geknöpften Aermel eines der drei Könige bemerkenswerth.

bilden zwei männliche Köpfe, von denen der innere durch den Kreuznimbus als Erlöser charakterisirt wird, der äussere Bart und Barett trägt. An den untern Enden der Balken des die Portalbogen abschliessenden Giebels sehen wir links einen lammerwürgenden Löwen, rechts einen geflügelten Drachen. Gute Arbeit der ersten Hälfte des 14ten Jahrhunderts.

5.
Romanisches Crucifix von Messingguss in $\frac{2}{3}$ der natürlichen Grösse mit erneuerten Kreuzbalken.[8]

ALTENBERG

an der Lahn, ehemaliges adliges Praemonstratenser-Nonnenkloster, gegründet im 12. Jahrh.[1]

6.
Grabdenkmal der h. Gertrudis, Tochter der h. Elisabeth und dritten Aebtissin des Klosters Altenberg, gestorben 1297. Im Jahre 1334 wurden ihre Gebeine feierlich erhoben und in den abgebildeten steinernen Sarcofag gelegt.[2] Dieser hat eine Höhe von 2' 4", eine Breite von 3' 4" und eine Länge von 7', ist stark profilirt, in den Gewänden durch Vierpasse geschmückt und in späterer Zeit polychromirt. Die Deckplatte trägt die lebensgrosse Statue der Verstorbenen, über deren Haupte ein Engel eine Krone emporhält, ein anderer das Weihrauchfass schwingt. Die Inschrift lautet:

Anno Domini MCCXCVII in die beati Ypoliti obiit beata Gertrudis felix mater huius conventus, filia sancte Elyzabet, Lautgravie Thuringie.

---

8. Im Dome zu Wetzlar befinden sich noch ausserdem: 1) ein einfacher romanischer Taufstein mit Hufeisenbögen in flachem Relief auf dem Mantel des Beckens. 2) Eine lebensgrosse polychromirte Pieta des 14ten Jahrh. mit verzerrter Christusgestalt (Kugler, II. 178). 3) Zwei fast lebensgrosse Steinfiguren Maria's und Johannes' zu einem neuen Crucifix im nördlichen Seitenraum des Chores gruppirt. 4) Grosses Triumphalkreuz mit Maria und Johannes, ehemals über dem Lettner stehend, jetzt im bischöflichen Museum zu Münster. 14tes Jahrh. 5) Figuren am Lettner (Statz, Taf. 126 und 127; Kugler, kl. Schr., II. 177) von geringer Bedeutung mit Ausnahme der phantastischen Träger der Giebelschenkel. 6) Christus, das Kreuz tragend, grosse Gruppe im südlichen Kreuzarm, ausdrucksvoll, aber unschön; spätgothisch. 7) Maria mit dem Kinde im Chor; spätgothisch. 8) Reiche gothische Eisenbeschläge an den Thüren vom Chore zur Sacristei. 9) Eiserner Kronleuchter des 16ten Jahrh., in der Mitte eine Marienstatuette, im Ringe Engelfiguren tragend. 10) In der Sacristei bewahrt man ein silbernes weibliches Reliquienhaupt mit gothischem, auf kleinen Löwen ruhendem Untersatz, zwei ähnliche polychromirte Häupter von Holz, und einen silberner Reliquien-Arm. 11) Unter den vielen Grabsteinen sind zu erwähnen: einer des Anselm Hun in g. Fig. 14ten Jahrh. in der innern Westwand der Kirche, zwei des 15ten Jahrh. im nördlichen Capellenraum des Chores, drei guter Arbeit, welche bei der Plattung des Chores umgekehrt im Fussboden gefunden wurden und nun in einem Keller liegen, soweit sichtbar 14. Jahrh. 12) Besondere Berücksichtigung in der Abtheilung der Architectur unseres Werks werden die figurirten Capitelle finden, von denen Kugler kl. Schr. schon II. pag. 177 Erwähnung thut.

1. Annalen des hist. Vereins für den Niederrhein, I. p. 147. Marx, Gesch. d. Erzstifts Trier, II. 2. p. 194.
2. Gudenus, Codex dipl. III. p. 1190.

7.

Runde Grabfigur in Sandstein des Grafen Heinrich des Aelteren von Solms - Braunfels,
† nach 1258, einfach und im grossen Stil. Grösse 5′ 6″. Der Verstorbene trägt Schube,
Schwert, Wappenschild und eine mit Rosen und Blättern geschmückte Kopfbinde. Die Statue steht aufrecht in einer Wandnische des nördlichen Kreuzarmes und ist von keiner Inschrift begleitet.[3]

8.

Polychromirte Holzstatuette der Muttergottes mit dem Kinde — letzteres hält in der
Linken einen Vogel — als Mittelbild eines Reliquienaltars auf dem Nonnenchore. Derselbe
besteht aus einem 5′ hohen, von 5 Nischen gebildeten gothischen Geschränk, dessen mittelste Nische zur Aufnahme der Muttergottesstatue offen, die übrigen aber zur Aufbewahrung der Reliquien durch ein Gitter verschlossen sind. Gute Arbeit.[4] Anfang des 14ten
Jahrhunderts.

9. 9 a. 9 b.

Silberne, 13¼″ hohe, glatt polirte Schenk - Kanne, aus welcher angeblich die h. Elisabeth von Thüringen die Armen labte. Auf dem Deckel (9 b) stehen die eingravirten
Worte: Cantarus S. Elisabeth MCCXXXVII, auf dem Fusse die neue Inschrift: Cantha-
rus hicce, quo St. Elisabetha in recreandis aegrotis usa est, asservatus in coenobio, quod
fuit Altenberge, ecclesiae in arce Braunfels in usum sacrum dono datus est a Guilielmo
Principe MDCCCIII. Den Deckel verziert auf der Höhe ein runder Crystallknopf, darüber
eine in vergoldete Blättchen gefasste Koralle, auf der Innenfläche (9 a) in vergoldeter Darstellung der thronende segnende Heiland mit dem Abzeichen der vier Evangelisten. Die
umfassenden Bänder, wie der unterste durchbrochene Rand des Fusses und der Rücken des
Henkels (9 c) sind vergoldet.[5]

10.

Silberner vergoldeter Ring gleicher Grösse mit violettem Glasfluss, angeblich der Trau-
ring der h. Elisabeth, welchen Landgraf Ludwig d. H. seiner Verlobten gegeben haben
soll. Abgesehen von der geringen Kostbarkeit dieses Ringes, dürfte auch seine für eine
Frauenhand unzulässige Grösse Zweifel an der bezeichneten Bestimmung gestatten.[6]

---

3. Als Gegenstück und wol zugehörig zu dieser Statue befindet sich in derselben Wand des
nördlichen Kreuzarms in gleicher Grösse die Grabfigur einer ungenannten Verstorbenen,
deren Stellung und Gewandbehandlung sie als Nachahmung der Gertrudisfigur bezeichnen
lässt. Das Gertrudisgrabmal und die Statue des Grafen Heinrich sind bereits von F. H.
Müller in seinen Beiträgen zur teutschen Kunst- und Geschichts-Kunde publicirt.

4. Eine ähnliche, fast gleiche Madonna mit dem Kinde befindet sich in der Martinskirche
zu Oberwesel.

5. Zuerst publicirt von Becker und Hefner: Kunstw. u. Geräthsch. d. Mittelalters. Dieser
Gegenstand, wie der folgende, befinden sich nunmehr im Rittersaal des Schlosses Braunfels.

6. Erst publicirt von Vulpius, Curiositäten, Taf. 3 und 8, p. 163 und 316. In der Kirche
zu Altenberg befinden sich ausserdem:
1) in der nördlichen Chorwand unter schön gearbeitetem Baldachin die aufrecht stehende
Grabplatte in stark hervortretendem Relief des 1459 gestorbenen Grafen Bernhard

OBERWESEL.

Ursprünglich römische Militärstation (Vosavia) [1], aus welcher frühzeitig ein Königshof, und auf der südlichen Höhe die Reichsburg Schönberg hervorging. Letztere war Anfang des 13. Jahrhunderts schon mehreren Reichsministerialen gehörig, ersterer zu einer in thurmreichem Mauerringe prangenden Stadt angewachsen, die bis zum 14. Jahrhundert heim Reiche verblieb. [2] Unter den vier Kirchen enthalten die in hoher Lage prächtig thronende Martinskirche wie die untere ehemalige Stiftskirche zu unsrer lieben Frau, beide dem 14. Jahrh. entstammend, eine ganze Reihe vortrefflicher Kunstwerke meist jenes Jahrhunderts.

von Solms mit der Umschrift: Anno domini MCCCCLIX ipsa die sixti obiit magnus generosus Bernhardus comes Solmtz et dominus in Mintzeberg. Requiescat in pace. Amen. Ueber der knieenden Figur und unter dem Baldachin befindet sich eine Darstellung der Verkündigung, bei welcher die segnende Halbfigur Gott-Vaters erscheint. Höhe des Ganzen ungefähr 9½ '. Vortreffliche Arbeit in rothem Sandstein.

2) Mittelmässiger spätgothischer kleiner Schnitzaltar mit einigen Darstellungen aus dem Leben der Maria unter dem Nonnenchore an der südlichen Wand der Kirche.

3) Zwei spätgothische Madonnenstatuen von Holz.

4) Aus der Kirche herrührend, befinden sich im Rittersaale zu Braunfels zwei frühgothische, einfache, silbervergoldete Kelche; ein dem 12ten Jahrh. angehöriges, rohes, ehemaliges Processionskreuz mit einer dem Kreuz zu Pfalzel (Taf. LIV. 11.) ähnlichen emaillirten Vorderseite; ein silbernes Weihrauchschiffchen, dessen Behälter von Buchsbaum mit geschnitzten Renaissancefiguren geschmückt ist.

Nach Fiorillo, Geschichte d. z. Künste, I. p. 438, befand sich früherhin zu Altenberg ein goldner Kelch mit der Inschrift: Gertrudis filia B. Elisabeth me fecit. Denselben führt auch folgendes, p. 296 der Thuringia sacra (Frankfurt 1737) entnommenes Schatzverzeichniss auf:

S. Reliquiae et Antiquitates, quae in Altenberga adhuc habentur.

I. Brachium argenteum deauratum, in quo inclusa est magna particula ossis de Brachio S. Elisabethae. (Derselbe befindet sich jetzt in der Schlosscapelle zu Sayn. Vergl. p. 36. Anm. 6.)

II. Magnus annulus aureus cum rubro lapide, quem Ludovicus Landgravius Hassiae S. Elisabethae in desponsatione dedit.

III. Toga nuptialis S. Elisabethae, ex rubro holoserico, seu sammet, in qua insigne Hassicum, duo leones aureis filis per totum intexti sunt, hinc et inde lapidibus ornata.

IV. Cantarus argenteus amphoram continens ex quo S. Elisabetha Marpurgi in hospitali a se aedificato pauperibus effudit et inseruiuit, in cuius pede haec est inscriptio: Cantarus S. Elisabeth MCCXXXVII. (Die Inschrift befindet sich wie vermerkt auf dem Deckel.)

V. Pars togae inferioris S. Elisabethae ex disciplina sibi dato, sanguine adhuc conspersa.

VI. Magnus calix deauratus B. Gertrudis, in cuius pede haec inscriptio est: Gertrudis filia B. Elisabeth me fecit.

Item alia minora plura, quae omnibus periculosis temporibus mirabiliter sunt conservata.

1. Schmidt, Römerstrassen im XXXI. Jahrbuch d. Vereins v. Alterth.-Fr. im Rheinlande, p. 138 und 160.

2. Beyer und Eltester, Urkundenbuch, I. p. 58, Nr. 52; II. p. CXXIII. Stramberg, rhein. Antiqu. II. 7. p. 298 und 617. Marx, Gesch. d. Erzstifts Trier II. 2. p. 117.

Taf. LIV.

1.

Mittelstück des gemäss eines inscbriftlichen Zeugnisses[3] im Jahre 1331 geweihten Hochaltares der Frauenkirche. Derselbe ist ein Flügelaltar, welcher geschlossen auf der Aussenseite seiner beiden Flügel zwölf in Goldgrund handwerksmässig gemalte einzelne Heiligenfiguren in zwei Reihen übereinander enthält, im Innern aus stilvollem, flachem Holzschnitzwerk besteht. Aufgeschlagen zeigt die Mitteltafel sieben, jeder Flügel vier in reichem vergoldeten gothischen Masswerk hergestellte Bogenstellungen, welche einerseits horizontal in zwei Etagen, andrerseits, mit Ausnahme des obern Mittelbogens wie des schmalern letzten Bogens jedes Flügels, in zwei Nischen getheilt sind. In den obern Nischen der Mitteltafel befinden sich in der Mitte die sitzenden Gestalten des segnenden Heilandes und der Gottesmutter, und jederseits sechs stehende Apostel. Unten entsprechen diesen in vierzehn Nischen, links vom Beschauer beginnend: Johannes der Täufer, die Verkündigung, die drei Könige; rechts vom Beschauer anfangend: Christus am Oelberg, Christi Verspottung, die Geisselung, Kreuztragung, Kreuzigung, Kreuzabnahme, Grablegung und Auferstehung.[4] Die Nischen der Flügel nehmen in den obern Reihen links sieben Kirchenlehrer und Päpste, rechts sieben heilige Frauen auf, und zeigen unten an jedem Ende zwei musicirende Engel, dann Adam, Eva mit der Schlange, Abraham Isaak opfernd, Abraham nochmals oder vielleicht Abel auf flachen Händen ein kleines auf dem Rücken liegendes Lamm zum Opfer haltend, Melchisedek gekrönt zwei Brote darbringend,[5] Moses mit den Gesetzestafeln und drei Profeten. Die Predelle der innern Tafeln besteht aus kleinen Gehäusen mit vorgestelltem, durchbrochenem Masswerk zur Aufbewahrung von Reliquien. Der ganze Altar ist vergoldet, die Figuren polychromirt. Die Grösse der Mitteltafel beträgt 12′, der Flügel 6′ in der Länge, beider ungefähr 8′ in der Höhe. Ausgezeichnet ist dieses Werk durch die stilvolle Behandlung des reichen variirenden, oben durchbrochenen, unten aufgelegten Masswerkes und der charakteristisch gearbeiteten Figuren.[6]

---

3. Ein rechts des Altares in der Chorwand unter Glas eingemauertes Pergament enthält die Worte: Anno domini . MCCC Tricesimoprimo . In die . Assumpcionis . gloriose . virginis . Marie . Istnd . Summm altare fuit consecratum. In Honore gloriosissime virginis Marie . et Anne matris ipsius. Cum eodem Summo choro.

4. Die Figuren des auferstehenden Heilandes, der Kreuzigung, der Eva und des ersten der drei Könige fehlen nunmehr, der Zeichner stellte an des letztern Stelle irregeleitet eine Engelgestalt. Auch fehlt eine der 7 h. Frauen u. ist dieselbe durch eine nicht dahin gehörende sitzende Figur ersetzt.

5. Das gleiche Vorkommen Abrahams mit dem Lamme auf den Armen, als Parallele Melchisedeks zeigen Taf. XVII. 4. u. Taf. XXXI., wo auch die Opferung Isaaks neben an steht; als Abel ist eine gleiche Figur auf einem Tragaltar zu Brüssel (Jahrb. XLIV. d. Ver. v. Alterthumsfr.) bezeichnet; m. vergl. auch Taf. LIII. 2. Die ungewöhnliche Form der beiden Brote, welche Melchisedek darbringt, entspricht den in Oberwesel üblichen „Spitzwecken."

6. Ein Compartiment des Masswerks hat Hope, an historical essay on Architecture. 3. Edit. 1840. II. Taf. 86. 1.

2.

Seitenansicht der Chorstühle derselben Kirche, welche in zwei einfachen Reihen im Chore gegenüberstehen und mit einer modernen Brüstung versehen sind. Dieselben zeigen noch nicht die vom Niederrhein ausgehenden Darstellungen der Thierfabel und sind an den Sitzen nur mit einfachem Blattwerk, an den vier abschliessenden Seitenwangen — von denen unsre Abbildung eine vergegenwärtigt — mit durchbrochenem Masswerk und im Ganzen figürlich nur mit vier 2′ hohen Statuetten verziert, welche letztere sich an den beiden westlichen Seitenwänden befinden. Es sind zwei mit Schriftbändern versehene, auf der obersten Kreuzblume und zwei seitlich auf Consolen unter Baldachinen stehende Heilige. Die Höhe, ohne die obere Figur, beträgt 12′, die Länge 38′.[7]

7. Die Chorstühle reichen westlich über die Ecke, welche der Lettnerabschluss bildet, hinaus und setzen sich noch in zwei Sitzen an der Lettnerwand fort. Einige Details dieser Stühle geben Statz und Ungewitter, Goth. Musterbuch, Taf. 186. 1. 188. 1 — 12. Vgl. Domblatt, 1847, Nr. 30.

In Oberwesel befinden sich ausserdem: 1) Ein Votivrelief von Sandstein links neben dem Hochaltar der Frauenkirche inschriftl. von 1524: Madonna mit dem Kinde von zwei Engeln gekrönt, unten der Donator. Kugler, kl. Schr. II, 276. 2) Zwei, je auf einer Säule ruhende fünfeckige Sacramentshäuschen in der Martins- wie Frauenkirche. 14. Jahrh Statz und Ungewitter, Taf. 139, 3 — 8. 3) Einfache spätgothische Chorstühle in der Martinskirche mit Blattverzierungen und einzelnen wenigen Thiergestalten (Löwe, Hund). 4) Durchbrochener Lettner in der Frauenkirche mit vier vortrefflichen noch conventionellen Gewandfiguren der Evangelisten und schöner Holzthüre von Masswerk. 14. Jahrh. 5) Grabmal des Canonicus Petrus Lutern, † inschriftl. 1515, in der Stiftskirche. Lebensvolle Relief-Figur in gothischer Blende, seitlich in kl. Fig. auf Consolen Maria und Martha. Kugler, kl. Schr. II, 267. 6) Epitaph in lebensgr. Fig. der Frau Elisabeth v. Ottenstein mit ihrem Gemahl, an einem Pfeiler der Nordseite der Frauenkirche, † inschrittl. 1520. 7) Epitaphien in g. Fig. des Friedrich v. Schönburg, † 1550, des Johann v. Schönburg u. s. Frau † 1370 und noch zwei derselben Familie aus dem 17. Jahrh. im Chor des nördlichen Seitenschiffes d. Frauenk. Kugler, kl. Schr. II, 277. Mehrere Grabst. derselben Familie in mittelm. Arbeit u. schlechtem Zustande befinden sich in der Vorhalle der Frauenk. 8) Grabsteine in g. Fig. zweier inschriftl. 1336 u. 1339 gest. Cleriker im Chor des Südschiffes d. Frauenk. 9) Madonnenstatue in S. Martin an einem Pfeiler d. nördl. S. Schiffes, derjenigen zu Altenberg (Taf. LIII, 5.) und einer dritten zu Sinzich gleich. 10) Madonnenstatue auf dem südl. Seitenaltar der Martinskirche, sie hat durch neue Uebermalung d. gr. Lob Kuglers (kl. Schr. II. 265) verloren. 11) Holzschnitzaltar in einer Blende des Chors der Martinskirche: Geburt Christi; roh, aber individuell. 12) Ein ähnlicher mit dem Leben Christi in flachem Relief, früher, aber mittelmässig. 13) Holzbüsten einer Jungfrau u. eines Geistlichen nach dem Leben geschnitten und bemalt, in der Martinskirche auf dem Altar des nördlichen Seitenschiffe (Hefner, Trachten, 2, 119) 15. Jahrh. 14) Kleines heil. Grab, in der West-Ecke des Südschiffes der Frauenkirche. Vortreffliche kl. Figuren, dem Hochaltar verwandt. 15) Christus am Oelberg. Holzfigur an d. S-Wand des Chors der Frauenkirche. 16. Jahrh. Inniger Ausdruck Kugler, II. 272. 16) Aussen am Chor der Frauenkirche: Madonna, neu bemalt. 15. Jahrh 17) Desgleichen am Mittelpfeiler des Südportals. 14. Jahrh. 18) Desgleichen an der Martinskirche: Christus am Kreuz mit Maria und Johannes, mittelmässig. 19) Gothische Eisenbeschläge des 15. Jahrh. an der Sacristeithüre von S. Martin. 20) Gemusterte Thon-Fliessen im Fussboden hinter dem Hochaltar derselben Kirche. 15. Jahrh. 21) Aquamanile von Gelbguss, 8″ hoch, oben einen bärtigen Kopf bildend, in der Frauenkirche.

ST. GOAR.

Die Anfänge dieser Stadt gehen zurück auf die Zelle des im siebenten Jahrhundert hier lebenden Aquitaniers Goar, aus welcher schon in fränkischer Zeit eine Wallfahrtskirche entstand, die, 768 geweiht, dem Kloster Prüm untergeben und von diesem mit einem Benedictiner-Priorat verbunden wurde. Thassilo von Bayern trat angeblich 780 hier als Mönch ein. Gelegentlich eines räuberischen Ueberfalles brannte 1137 die Kirche ab und fand mit ihrem Neubau die Umwandlung des Priorats in ein regulirtes Chorherrenstift statt. [1]   Die Vögte von St. Goar, die Grafen von Katzenellenbogen, erbauten 1245 zum Schutze der aus den Umwohnern des Klosters entstandenen befestigten Stadt [2] und des Rheinzolles die Veste Rheinfels. Philipp, der letzte Graf von Katzenellenbogen, vollzog zwischen 1441 bis 1469 den jetzigen Umbau der Stiftskirche mit Beibehaltung der frühromanischen Crypta; [3] 1527 wurde erstere von Philipp dem Grossmüthigen, dem Erben der früheren Grafen, den Evangelischen übergeben. St. Goar hat durch seinen Zusammenhang mit der Burg Rheinfels bis zum Ende des vorigen Jahrhunderts eine Reihe der rühmlichsten Belagerungen, wie aber auch alle Verheerungen des Krieges erfahren.

Gothisch.   22) Unter einem Chor-Fenster der Wernerskirche: Steinrelief, darstellend das Martyrium des heil. Werner; rohe Arbeit von 1500.   Kugler, II. 274.

Oberhalb Oberwesel und im Thale der Naho sind uns nur folgende hierhin gehörige Gegenstände bekannt geworden: 1) In der Clemenskirche bei Bingen: Reste spätgothischer, vor einigen Jahrzehnten aus einer andern Kirche hierhin translocirter Chorstühle mit Wappen, Gesichtern und einzelnen Thierfiguren an den Consolen, Thiergestalten als Lehnreitern, und zwei streitenden Mönchen wie zwei Bestien in runden Figuren (ähnlich wie in Boppard) auf den mit aufgelegtem Maasswerk verzierten Wangenstücken. 2) In Kreuznach in der katholischen Pfarrkirche hinter dem Hochaltar zwei durch eine Bretterwand verstellte gothische Grabsteine, dann ein pomphaftes, spätgothisches, 4' hohes Reliquienkreuz von vergoldetem Silber, dessen auf drei Löwen ruhendes Fussgestell 8" hohe, runde Figuren in durchbrochener gothischer Architectur enthält. Vergl. Andreae Cruceneaum illustr. p. 9, 111 u. 147 und Widder, Versuch einer Beschreibung der Pfalz, 1733, t. IV. p. 43. In der englischen frühern Liebfrauenkirche 4 eingemauerte gothische Grabsteine in g. Fig., nämlich des 1359 gest. Rheingrafen Conrad von Stein, des 1412 gest. Amtmanns Hermann Stumpf von Waldeck, der 1455 gest. Rheingräfin Lukardis von Eppenstein mit ihren beiden Kindern u. eines 1452 gest. Ritters von Löwenstein; ausserhalb der Kirche über d. ehemal. südl. Chorthüre die edle aber sehr beschädigte Halbfig. Christi u. nebenan der mittelmässige Grabst. eines 1492 gest. Abtes.   3) In der Kirche zu Sponheim: Rest frühgothischer Chorstühle; Rest romanischen Fussbodens von verschiedenfarbigen Fliessen in geometrischer Musterung gelegt aus der Uebergangszeit; einzelne in die Aussenmauern eingelassene Relieffiguren eines Löwen, Adlers u. s. w.   4) In der Kirche zu Heddesheim befinden sich drei zum Theil vortreffl. aber beschädigte figurirte Grabst. des 16. Jahrh.

1. Grebel, Geschichte der Stadt St. Goar, 1848.
2. In den Kämpfen zwischen Kaiser Philipp von Schwaben und Otto IV. wurde 1205 St. Goar vergeblich von Werner von Bollanden belagert. Brower, Annal. Trev. II. p. 104.
3. Die Bau-Inschriften befinden sich an der Nordseite und an dem ersten nördlichen Pfeiler im Innern.

3.

Grabstein des h. Goar, welcher bis 1660 [4] in der Crypta der Stiftskirche über dem Grabe des Heiligen stand und zu dieser Zeit in die jetzige katholische Kirche übertragen wurde. Derselbe ist in stark hervortretendem Relief gearbeitet und $6\frac{1}{2}'$ hoch. Die Darstellung zeigt den Heiligen in stehender Figur, er tritt auf die nackte Gestalt des Teufels, hält in der Linken das Modell seiner kleinen Kapelle und scheint in der Rechten (nach einigen erkennbaren Spuren) einen Pilgerstab gehalten zu haben. Von vier zu den Seiten schwebenden Engeln tragen die zwei untern den Verstorbenen empor, während die beiden obern den Baldachin über seinem Haupte halten. Frühgermanischer Stil. Neu bemalt. [5]

BOPPARD.

Die Stadt Boppard ist hervorgegangen aus dem befestigten römischen Etappenorte Baudobrica an der römischen Rheinstrasse [1] und war im Mittelalter Sitz einer Curtis regia, welche Otto II. seiner Gemahlin Theophanu 972 schenkte, [2] Otto III. fundirte eine Propstei hierselbst. Noch jetzt theilt sich das Stadtgebiet in die Unter-, Mittel- und Ober-Stadt, nach den Gebieten des in der Unterstadt liegenden Königshofes, des die Mittelstadt umfassenden rechteckigen Castrums, [3] und der den Kern der Oberstadt bildenden k. Vogtei-Burg

---

4. Grebel, Geschichte von St. Goar, p. 23. Dielhelm erwähnt noch in der 2. Aufl. s. rh. Antiqu. v. 1776 des Grabsteines als in der Crypta der Stiftskirche befindlich.

5. In der Stiftskirche zu St. Goar befinden sich ausserdem noch:

    1) Eine vortrefflich gearbeitete, der auf Taf. LXIII. 3 entsprechende, im Sechseck angelegte gothische Steinkanzel. An den 6 Wänden derselben sind die sitzenden Gestalten des Heilandes, der Evangelisten und des h. Goar angebracht. Zu Füssen des Letztern kniet eine kleine Figur, welche, gemäss dem zugefügten, mit Hammer und Winkel geschmückten Wappenschilde, den Künstler darzustellen scheint.

    2) Weiblicher Grabstein ohne Inschrift in der Westwand. 14. Jahrh. Ganze Figur. In den obern Ecken zwei Wappenschilde, das eine mit einem Stern, das andere mit einem Löwen. Gute Arbeit.

    3) Grabstein des 1350 gestorbenen inschriftlich bezeichneten Grafen Diether von Katzenellenbogen, Abtes von Prüm.

    4) In einer Seitencapelle in reicher Renaissance vom Ende des 16. Jahrh. meist in Marmor ausgeführt, die Grabmäler des Landgrafen Philipp II. des Jüng. v. Hessen († 1583) und seiner Gemahlin.

    5) Reste eines ähnlichen gut gearbeiteten Grabes befinden sich leider zerstreut auf dem Archiv-Gewölbe.

    6) Reste v. Glasmalereien des 14. Jahrh. im Chor u. südl. S. S.

    7) Sculptirte bemerkenswerthe Schluss- u. Kragsteine.

    8. Auf der Kirchhofmauer ist ein von Pfalzfeld a. d. Hundsrücken herrührender kleiner rother Sandsteinobelisk aufgestellt, der jederseitig ein menschl. Gesicht mit bedeutungslosen Ornamenten zeigt und für gallo-römisch gehalten wird. Abbildung in Dielhelm's rhein. Antiqu. v. 1776. Vergl. Jahrb. II. p. 149.

1. Schmidt, Römerstrassen p. 163. Als Ort genannt 820 bei Beyer u. Eltester I. 52.

2. Beyer und Eltester, I. p. 262.

3. Der gegenwärtige Chronist v. Boppard W. Schlad hat sich das Verdienst erworben, eine genaue Karte des Mauerringes des Castrums herzustellen.

(Balz d. h. wohl Pfalz). Die Reichsstadt vereinigte im 14. Jahrh. diese drei gesonderten Gebiete mit einem gemeinsamen Mauerring. Als prächtigstes Denkmal jener Zeit begegnet uns die Pfarrkirche S. Severus,[1] neben welcher als geistliche Stiftungen das 1123 gegründete Benedictiner-Frauenkloster Marienberg[5] und das dem 15. Jahrhundert entstammende Carmeliterkloster[6] zu nennen sind.

4 — 4 m.

Perspectivische Ansicht und Details der Chorstühle in der Carmeliterkirche. Dieselben befinden sich in doppelten Sitzreihen zu beiden Seiten des Chores. Die hintern mit einer durch aufgelegtes Masswerk verzierten Rückwand und Baldachin versehenen Reihen haben je neun, die vordern, zwischen dem 3ten und 5ten Sitz durch einen Zugang unterbrochen, nur acht Sitze. Seitlich schliessen hinten höhere, vorn niedrigere Wangen die Sitzreihen ab. Es schmücken die vier hintern Seitenwangen oben in durchbrochenen Wänden die sitzenden Evangelisten in runden vortrefflich gearbeiteten Figuren, unten auf geschlossenen Wänden die Reliefgestalten des Heilandes, der Muttergottes und zweier männlicher Heiligen in Ordenstracht. Die Vorderwangen enthalten in ihren geschlossenen Wänden die Figuren der h. h. Catharina, Barbara, Nicolaus, Georg, Michael und Paulus, oben als Bekrönung je zwei niederkauernde Figuren,[7] von denen drei Paare auf Thieren sitzen, Profeten mit unbeschriebenen Schriftbändern, zankende Klosterbrüder, Nonne und Mönch und streitende Knappen in runden Figuren darstellend. Die Consolen und Lehnreiter (4b — m) zeigen Laubwerk, menschliche Gesichter, Thiergestalten, im Brevier betende wie trinkende Mönche, Darstellungen, die hin und wieder satyrisch sein mögen, aber nicht jener an den niederrheinischen Chorstühlen befindlichen, im Gewande der Thierfabel auftretenden bewussten Satyre gegen die Gebrechen des geistlichen Standes angehören, welche die Kirche innerhalb ihrer geweihten Stätten so lange duldete, als ihr keine principielle Opposition entgegentrat. Die Länge der Sitzreihen beträgt 21$\frac{1}{2}$', die Höhe der Hinterwände 10', der Vorderstühle 4$\frac{1}{2}$' ohne die Bodenerhöhnng. Das 15. Jahrhundert kennzeichnen die im Gesimse der Baldachine vorkommenden Fischblasen. An den äussern Ecken dieser Baldachine befinden sich von den Wappen der Stifter noch drei, nämlich die der Boos-Waldeck, der Edelherrn von Pirmont und Ehrenberg, und der Herrn v. Schöneeken a. d. Hundsrücken. Auch an den Abschnitten, welche von den Vorderwangen auf die unterste Trittstufe herunterreichen, hat der Künstler noch Verzierungen angebracht: ein Schaf, das an einer über beide Schultern gelegten Tragstange zwei Wassereimer trägt, einen schlafenden Mönch, Bestien, dann auch ein Wappenschild mit einem Winkelmass im Felde, welches offenbar als Monogramm des Verfertigers dienen soll.[8]

1. Beyer und Eltester, Urkundenbuch, II. p. CLXXI. Rossel, die Pfarrkirche S. Severus zu Boppard, 1861. Krüger, die Pfarrkirche zu Boppard. Berlin: Allgem. d. Verlagsanstalt.
5. Stramberg, Rhein. Antiqu. 291. 337. Beyer u. Eltester, II. p. CLXXIX.
6. Nolden, Schulprogramm des Progymnasiums zu Boppard, 1854.
7. Bei zwei Wangen fehlen dieselben.
8. Details dieser Chorstühle finden sich ergänzend bei Statz u. Ungewitter, goth. Musterbuch, Taf. 187. 188. 3 — 5. Vergl. Kugler, kl. Schr. II. 731 — 34. Domblatt 1847, Nr. 30

5.

Die unter dieser Nummer gegebene Abbildung wurde von dem nunmehr verstorbenen Zeichner dieses Werkes angeblich aus Boppard mitgebracht, stammt aber nach sorgfältiger Nachforschung nicht daher. Sie war bezeichnet als eiserner Thürbeschlag durchbrochener Arbeit. Der Bildschmuck zeigt in der Mitte ein Gesicht, dessen Mund durch zwei Stäbe, welche die Handgriffe bilden, aufgesperrt wird. Rund herum befinden sich in Rankenwerk die Kreuzigung, der wiederkehrende Heiland, die Symbole der vier Evangelisten und zwei Profeten mit Schriftbändern. [9]

Reichensperger, vermischte Schr. p. 420. Rhein. Antiqu. 524. Die daselbst 536 erwähnten Wappen sind nicht zu verwechseln mit denen an den Chorstühlen selbst.

9. Folgende Kunstwerke in Boppard verdienen einen Vermerk:
   1) Im Mittelschiffe der Pfarrkirche unter dem Gewölbe ein grosses hölzernes Triumphalkreuz. 13. Jahrh. Ein spätgothisches silbernes Rauchfass im Burgenstil. Eine spätgothische silber-vergoldete Monstranz. Goth. Thüren mit Eisenbeschlägen und Löwenköpfen an den Paramentenschränken im Chor (Krüger, Taf. III.); ähnliche besassen früher auch die Portale.
   2) In der Carmeliterkirche eine neuerdings dort eingemauerte altchristliche Grabschrift. (Kreisblatt von St. Goar, Nr. 46 v. 1862 und Annal. d. Ver. f. Nassauische Alterthumsk. VII. 2. p. 36); an der südl. Chorwand ein dreisitziger Celebrantenstuhl von Holzschnitzwerk mit kunstvollem durchbrochenem architect. Baldachin, reichem Laubwerk und einigen phantast. Figuren, welcher nächst demjenigen zu Kempen (Taf. XXIII. 1) der bedeutendste im Rheinlande sein dürfte. Oberhalb der Sitze sieht man die 3 Wappen der Stifter aus den Familien der Braunshorn, Schöneck und Beyer. 15. Jahrh.; im Chor an der Südseite der Grabst. in g. Fig. des 1393 gest. Conrad Kolb v. Boppard, tüchtig aber roh; ebendas. an der Nordseite Marmorepitaph der Frau Margarethe v. Eltz, † 1500, welches oben die Dreieinigkeit nach Dürer, unten die Verstorbene mit ihrem Sohne Georg, dem Errichter des Denkmals, zeigt. Inschriftl. bez. Arbeit d. Loyen Hering v. Eichstädt von 1519; ebendas. Epitaph an der Süds. in Sandsteinrelief des Joh. v. Eltz, † 1547, und seiner Gemahlin, † 1541: Oben die Taufe Christi, unten 2 Engel mit dem Haupte Joh. d. T., seitlich die Verstorbenen. Vortreffl. Renaissance. Die Inschriften der beiden letzten Grabm. p. 534 ff. der 2. Abth. d. 5. B. d. rhein. Antiquarius; im Schiff Grabst. des 1483 † Wilhelm v. Schwalbach und seiner Frau Anna v. Leyen und des 1497 † Siegfried v. Schwalbach, Sohnes des Vorigen. Gute Handwerksm. A. Im Innern der Kirche bleiben dann noch zu erwähnen die im Achteck angelegte einf. d. 15. Jahrh. angehörende Steinkanzel mit gemalten Heiligen in den Kleeblattfüllungen, eine gute aber verschmierte Muttergottes des 16. Jahrh. an einem Pfeiler unter der Orgel, ein Kreuz von 1465 im Nordschiff ohne Werth u. eine handwerksmässige Pieta des 15. Jahrh. Aussen neben der nördl. Chortreppe eine Muttergottes des 14. Jahrh. mit vortreffl. Hinterwand in aufgelegtem Holzschnitzwerk. Schöner goth. Eisenbeschlag an der Sacristeithüre. In der Wand des Kreuzganges befindet sich der Grabstein des sogenannten Prior Hein, ganze Figur unter goth. Baldachin in vertieften Contouren auf einer Sandsteinplatte. Die Umschrift als Beleg für das Alter des Carmeliterordens in Deutschland angezogen, zuletzt bei Marx, Gesch. d. Erzstiftes Trier II. 2. p. 488 und auf 1113 datirt, muss schon nach der goth. Architectur 200 Jahre später gesetzt werden u. dürfte es schwer sein den Namen: „Pater Hein" aus der Inschrift heraus zu lesen.
   3) In den Wänden des ehemaligen Capitelsaales, jetzigen Billardzimmers des zur Kaltwasseranstalt umgewandelten Klosters Marienberg, befinden sich 4 Grabsteine mit

COBLENZ.

Confluentia, nach der Lage am Zusammenfluss von Rhein und Mosel so genannt, und schon in römischer Zeit durch den Uebergang der von Mainz nach Cöln hier die Mosel

lebensgrossen Relieffiguren des 14. Jahrh. u. eine des 15. Jahrh. aus dem Geschlechte der Bayer.

4) In der Capelle auf dem Kreuzberg befindet sich eine Kreuzigung mit den Schächern u. Maria u. Johannes (angeblich aus Constanz herrührend) in naturalistisch ausdrucksvollem Holzschnitzwerk des 16. Jahrh.

passirenden Römerstrasse nicht ohne Bedeutung.[1] In fränkischer Zeit wurde der Ort wie alle ähnlichen römischen Niederlassungen Privateigenthum der Könige. Auf dem höchsten südwestl. Punkte erstand aus dem römischen Castrum der fränkische Königshof, den 1018 Heinrich II. dem Stuhl zu Trier schenkte. Hier befindet sich auch die älteste kirchliche Gründung und Pfarrkirche unserer lieben Frau, welcher sich 836 das Collegiatstift zu St. Castor und 949 des Stifters S. Florin anschliesst.[2] Im 13. Jahrh. erhielt die Stadt ihren befestigten Mauerring und erscheint später wiederholt im Bunde der rheinischen Städte.

Grabmal von Sandstein des 1388 gestorbenen Erzbischofs von Trier Cuno von Falkenstein in der nördlichen Chorwand der St. Castorkirche. Die über lebensgrosse Figur des Verstorbenen, bekleidet mit den Pontificalgewändern, Handschuhen, Ring darüber und Hirtenstab, ruht auf einem Sarcofage in gothischer Blende. Zu Füssen befinden sich Hund und Löwe, zu Häupten ein liegender Baldachin. An der rechten Seite der Bischofsfigur erblickt man auf der horizontalen Platte des Sarcofages in drei über einander geordneten Nischen drei vortrefflich gearbeitete Heiligenfiguren und um die drei vordern Seiten des Sarcofages läuft folgendes Inschriftband: Presulis eximii jacet hic corpus venerandum Cunonis † geniti per Falkensteyn decorandum grande genus † Superis hunc pie Junge deus. Obiit Anno dñi MCCCLXXX die XXI May. Die Länge des Denkmals beträgt 14′ 3″. Vortreffliche Arbeit vom Ende des 14. Jahrh.

Wir haben bei diesem Grabdenkmale noch des zugehörigen Wandbildes zu gedenken, welches sich auf der Rückwand der Blende auf ornamentirtem Goldgrunde befindet und die Kreuzigung mit 5 um dieselbe gruppirten Figuren darstellt. Letztere sind die Muttergottes, Maria Magdalena, St. Peter, der Patron der Trierschen Kirche, und St. Castor, das Kirchenmodell haltend, als stehende Gestalten, Cuno v. Falkenstein, angethan mit goldgemustertem Pluviale, umflortem Bischofsstabe im linken Arme und zur Erde gestellter Mitra am Kreuzesstamm knieend. Das Bild bisher für ein Hauptwerk Meister Wilhelms angesehen, entzieht sich in seinem ungeschickt übermalten Zustand jedem sichern Urtheil.[3]

Aehnliches Grabdenkmal von Sandstein, dem vorigen gegenüber in derselben Kirche, des 1418 gestorbenen Erzbischofs Werner von Königstein. Die geringer gearbeitete, auf einem Sarcofage in gothischer Blende ruhende Figur des Verstorbenen ist bekleidet mit den Pontifical-Gewändern, Handschuhen u. glattem Bischofsringe, hat zu Füssen einen Löwen, zur rechten dem Beschauer abgewendeten Seite einen umflorten Hirtenstab und über dem Haupte ein von zwei knieenden Engeln gehaltenes Wappenschild, das inwärts das combinirte Wappen des Verstorbenen mit dem der Erzdiöcese Trier, auswärts ein Veronikatuch zeigt. Die auf

1. Jahrb. d Ver. v. Alterthumsfr. XLII. p. 26 ff. u. II. p. 1 ff.
2. Beyer und Eltester, II. p. XCVI. CLXXII. u. CCIV. Rhein. Antiqu. I. 4. p. 121. 415. u. p. 474—99. Richter, die S. Castorkirche. Dritte Auflage. Coblenz, 1868. Günther, Topogr. Gesch. v. Coblenz. 1815.
3. Hotho, die Malerschule Hubert v. Eicke etc. I. p. 245.

drei Seiten umlaufende Inschrift lautet: Hic requiescit reverendus domijnus d. Wernerus de Koenigsteyn, Archiepiscopus Trevirensis. Obijt Anno dñi MCCCCXVIII. IV. Octobris.[4] Die Grösse[5] beträgt 11′ 4″ in der Länge, 20′ in der Höhe.

4. Moller, Taf. XLI u. LV.
5. In der S. Castorkirche befinden sich noch folgende ältere Grabdenkmäler: 1) Aus dem 13. Jahrh. ein Grabstein eines Geistlichen in ganzer Figur mit frühgerm. Architectur, ganz flachem Relief und enkaustisch eingelegten Wachsfarben und der Bezeichnung Scolasticus. 2) Aus dem 15. Jahrh. eine kleine stehende Madonna, zu deren Seiten anbetend ein Ritter nebst Frau, welche nach den Wappen wahrscheinlich Johann v. Schönborn und seine dem Waldpott-Bassenheim'schen Geschlechte angehörende Gemahlin darstellen. 3) Aus gleicher Zeit ein gutgearbeiteter Grabstein mit zwei lebensgr. Fig. des Ritter Friedrich v. Sassenhausen und seiner Frau Sophie von Camp. 4) Aus gleicher Zeit der Grabstein in ganzer Fig. der Maria von Helfenstein, † 1471. 5) Desgl. des Canonicus Hartmann, † 1474. Ehemals befanden sich

LÖF.

Altes Pfarrdorf an der untern Mosel.[1]

6.

Monstranz in Kreuzform, 17" hoch, von Silber und mit Aussparung einiger Blattornamente vergoldet. Das Medaillon zur Aufnahme der h. Hostie besteht aus Bergcristall. Den
Kreuzesstamm krönt das Nest eines Pelikans, der sich die Brust öffnet, um mit seinem Blute
seine Jungen zu nähren. Der mit Blattornamenten geschmückte, im Sechseck angelegte Fuss
enthält auf kleinen Schriftbändern die Inschrift: Joannes von Ehrenberg et Elise von Ober-
stein ecclesiae paroch. in Lewe. Sub Martino V. papa. anno 1427 dona dederunt.[2] Für
die Entwickelungsgeschichte der Monstranzen dürfte dieses Gefäss, wie das ähnliche auf
Taf. LXIII. 4. und das p. 16 Anmerkung 8 erwähnte, von besonderer Bedeutung sein.

ZELL.

Städtchen am rechten Moselufer, welches schon im 12. Jahrh. urkundlich vorkommt,
im 13ten befestigt erscheint und der Hauptort des gleichnamigen kurtrierschen Amtes war.[1]

---

in S. Castor ein von Kaiser Otto IV. geschenkter goldner Reliquienschrein (Klein
Rheinreise p. 110), ein seiner ursprünglichen Deckelzierden, besonders eines von
Neubauer gest. grossen männl. Onyxkopfes beraubter, nunmehr in der Pfarrkirche
zu Ehrenbreitstein befindl. Evangeliencodex des 12. Jahrh. ohne Miniaturen, u. die
jn S. Donis befindl. in vergoldetem Kupfer getriebene u. mit vielen rheinischen
Kupfer-Emaillen verzierte, die Ausgiessung d. h. Geistes darstellende Altartafel
(abgeb. b. Viollet Le Duc, Dict. d. Mobilier p. 234).
   In der Vorhalle der Liebfrauenkirche befinden sich die drei Grabsteine des Reinhardus
de Burgedorn, † 1517, seiner Frau Guta Blanckerts, † 1553, und deren Sohn Otto Joachim
von dem Burgthorn, † 1547, in ganzen Fig. Nach dem rhein. Antiq. p. 730 befand sich
früher rechts über dem Haupteingang ein Todtenkopf, durch dessen Augen Kröten schanten.
In S. Florin sind vortreffl. frühgothische Glasmalereien zu beachten. Die ehemal. Domini-
kanerkirche bewahrte früher einen Hochaltar in Steinsculptur vom Ende des 14. Jahrh.,
und das Grabmal Heinrichs v. Rübenach, † 1493, welches letztere nun im Gymnasium
neben dem Conferenzsaal eingemauert ist. Die Kirche zu Ehrenbreitstein besitzt als neue
Deckelzierde des Evangeliars v. St. Castor ein schönes frühgoth. Elfenbeinrelief der
Kreuzigung, dann ein ansehnliches 2' h. silbervergold. spätgoth. Reliqniar von 1469 u.
ein kleineres silbernes ders. Zeit. In der Kirche zu Moselweiss erblickt man ein dem
Typus der p. 59 Anm. 5 angeführten u. der Taf. LXIII. 3 abgebildeten gothischen Stein-
kanzeln entsprechendes 3. Exemplar, angeblich aus der Coblonzer Liebfrauenkirche; einen
rohen rom. Taufstein, umstellt von 6 Säulen; eine 3' hohe spätgoth. Monstranz.

1. Klein, Moselstrom p. 116; Bärsch, Eifel III. 1. 2. p. 141.
2. Das Pfarrarchiv zu Löf bewahrt eine diese Inschrift ergänzende Stiftungsurkunde, in welcher die Bestimmung des Kreuzes als Monstranz ausdrücklich hervorgehoben wird. Ein
   p. 104 bei Klein erwähntes Steinkreuz verdient keine Beachtung. In der Kirche des
   gegenüberliegenden Ortes Alken ist ein handwerksmäss. Votivrelief der Familie von
   Wiltberg, die Kreuzigung mit Donatoren, aus dem 16. Jahrh. zu verzeichnen.
1. Vergl. Beyer, Urkundenb. I. p. 510 u. 585. Klein, Moselthal p. 277 u. 284. Bärsch,
   Moselstrom p. 375.

9

7.

Romanisches Reliquienkästchen in Sarcofagform mit einem Giebeldache, ähnlich denen auf Taf. XXXI. 8. u. XLIX. 1. 2., ausgeführt in émail champlevé, 8″ hoch, 6½″ lang und 3″ breit. Die über einem Kerne von Holz befestigten Kupferplatten sind mit Ausnahme der farbig emaillirten Figuren, der Berandungen und der Medaillons der Hinterseite, vergoldet, und im Hintergrunde mit weisslich eingeriebenen gravirten Arabesken geschmückt. Auf der abgebildeten Vorderseite erscheinen — mit reliefartig erhöhten vergoldeten Köpfen — der segnende Heiland mit vier Heiligen, welche alle durch Rosetten gekennzeichnete Handschuhe tragen. Darüber in der Mitte des Giebeldaches das symbolische Lamm, dessen Vorderklauen das Buch des Lebens und den Kreuzstab halten; seitlich seines Kopfes befinden sich die Buchstaben $\overline{A}$ u. ω. Zwei Engel halten die Gloria des Lammes, während zwei andre zur Seite stehen. Auf den Schmalseiten des Kästchens erblickt man je einen stehenden Heiligen; auf der Rückseite in dunkelblauem Grunde farbige Rosetten, ähnlich denen an gleicher Stelle auf Taf. XLIX. 1a. Der von einem vergoldeten Knaufe bekrönte Kamm zeigt verschiedene Durchbrechungen und drei emaillirte Ovale. Die vergoldeten Füsse sind gravirt. In Bezug der angewandten Farben, erscheint vorherrschend dunkelblau, hellblau und grün, z. B. für die Gewänder; das Lamm ist weissblau; roth kommt in den Flügeln der Engel, im Kreuz, den Büchern, den Punkten der Glorie, den Contouren der Gliedmassen, Verzierungen der Schmalseiten und für das $\overline{A}$ u. ω vor, wie in den Emaillen des Kammes. Verschieden von den meisten sonstigen rheinischen Emaillen und dadurch charakteristisch ist dieses Reliquiar durch die gravirte Musterung der Hintergründe. [2] Ende des 12. Jahrhunderts.

CUES.

Dorf am linken Ufer der Mosel, bekannt als Geburtsort des 1401 geb. Cardinals Nicolaus Cusanus, der daselbst 1458 ein noch bestehendes Hospital mit einer Capelle zur Verpflegung von 33 männlichen Armen, welche das 50. Lebensjahr überschritten, errichtete. [1]

8.

Aus sieben Stücken zusammengefügte gravirte messingene Grabplatte des Cardinals Nicolaus Cusanus in der Hospitalkirche zu Cues, welche die Stelle bezeichnet, wo das Herz des Verstorbenen beigesetzt wurde. Sein Leichnam ruht in der Kirche S. Pietro in Vincoli zu Rom. Das Denkmal ist 6′ 5″ hoch, 3′ 1″ breit und stellt den Verstorbenen im bischöflichen Ornat mit Mitra, Stola und Handschuhen dar, oben seitlich seine Wappen, unten eine Schrifttafel mit fast denselben Worten wie auf seinem Grabmal zu Rom:

---

2. Ein sehr ähnliches Kästchen in Bezug dieses charakterist. Umstandes besitzt Herr Rentner Dietz in Coblenz. In der Kirche befindet sich ein goth. handwerksmässiger Taufstein v. 1461.

1. Die Stiftungsurkunde bei Hontheim, hist. Trev. dipl. II. p. 11. Bärsch, Moselstrom, p. 283 ff. Martini, p. 35 der III. Lief. in Schmidt's Baudenkm. v. Trier.

Dilexit Deum, timuit, et veneratus est, ac illi soli servivit, promissio retributionis non fefellit eum. Vixit annis LXIII. Deo et hominibus carus. Benefactori suo munificentissimo P(etrus) de Ercklens, Decanus aquensis faciendum curavit 1488. Um die Platte befindet sich folgende Randschrift:

Nicolao de Cusa tt. sancti Petri ad vincula p̄bro (presbitero) Cardinali et ēp̄o (episcopo) Brixinen (sis); qui obiit Tuderti, fundator hui(us) hospitalis MCCCCLXIIII. die XI. Augusti et ob devotionem Rome ante cathenas s. Petri sepeliri voluit, corde suo huc relato.

9.

Gothisches Ciborium von vergoldetem Silber ungefähr 18″ hoch im Hospital zu Cues.[2]

CLAUSEN

Wallfahrtsort an der Mosel, ungefähr 6 Stunden unterhalb Trier und eine Stunde vom Flusse entfernt, ist hervorgegangen aus einem 1442 vom Landmann Eberhard erbauten Heiligenhäuschen, das sich schon 1447 zu einem Gotteshause erweiterte. 1459 liessen sich die regulirten Chorherrn des h. Augustinus hier nieder, unter welchen gegen Ende des 15. Jahrh. der Bau der jetzigen Kirche stattfand.[1] Das Stift wurde 1802 aufgehoben und die Kirche zur Pfarrkirche bestimmt.

10.

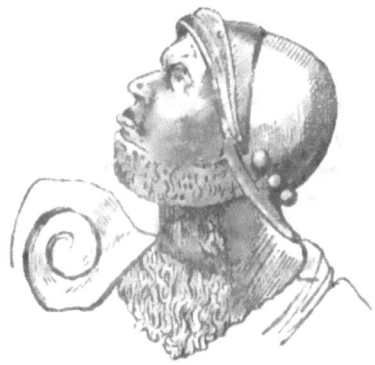

Figur des Kriegsknechtes der dem Gekreuzigten den Schwamm emporhält.

Hochaltar in vergoldetem und bemaltem Holz-schnitzwerk vom Ende des 15. Jahrhunderts. Derselbe misst 15 Fuss in der Höhe, 12 Fuss 10 Zoll in der Breite, wird durch bemalte Flügel verschlossen, und hat gleich dem Hochaltar zu Oberwesel eine Predelle, welche zur Aufbewahrung von Reliquien in 12 einzelne Gehäuse abgetheilt und vorn mit vergoldetem und durchbrochenem Masswerk zugestellt und geschmückt ist. Die figürlichen Darstellungen zeigen links die Vorbereitungen zur Kreuzigung, in der Mitte die Kreuzigung selbst und rechts die Kreuzabnahme. Seitlich werden diese drei Abtheilungen

---

2. In der Hospitalkirche befinden sich ausserdem noch in guter lebenswahrer Figur der einfache Grabstein der Schwester des Cardinals, Clara Krifts (Krebs) † 1473 und des 1576 gest. Joh. v. Neuburg in halber Fig.; ferner ein schöner spät goth. Kelch des Stifters mit zerbröckelten Emaillen einzelner Heiligen auf sechsblättrigem Fuss, und eine gute gothische Holzstatuette des h. Nicolaus der Kanzel gegenüber auf einer Console.

1. Marx, Gesch. des Erzstiftes Trier IV. pag. 263 ff. v. Stramberg, Das Moselthal, 369.

von Pfeilerstellungen begrenzt, an denen sich auf Consolen und unter Baldachinen kleine Gestalten von Aposteln, Heiligen und Engeln befinden. Oberwärts schliesst eine unendlich reiche durchbrochene Tabernakelarchitektur mit vielen kleinen hineingestellten Figuren das prächtige Werk ab.

Ausser einer selten vortrefflichen Erhaltung, dem Reichthum und der Bravour der Darstellung, muss als charakteristisch der genrehafte und naturalistische Charakter der Composition und Arbeit hervorgehoben werden. Anstatt z. B. in der ersten Darstellung die Bestürzung und Tragik des entsetzlichen Momentes nahe vor der Kreuzigung wiederzugeben,

Figur welche das Kreuz sägt.   Erste Figur bei der Kreuzabnahme links vom Beschauer.

erblicken wir das Zimmern und Sägen des Kreuzes gleich einem Vorfall des gewöhnlichsten Lebens. Christus selbst, schon entblösst, mit Dornenkrone und gebundenen Händen, schaut auf einem Felsen sitzend ruhig zu. Herumlaufende Hunde fehlen nicht, und einer der Kriegsknechte hat sich sogar gemüthlich auf das Kreuz gesetzt. Im Hintergrunde der Kreuzigung erblickt man Jerusalem im thurmreichen Mauerringe, die Seelen der beiden nicht angenagelten sondern angebundenen Schächer werden als Kindergestalten einerseits von einem Engel, andrerseits von einem Teufel in Empfang genommen. Magdalena kniet in leidenschaftlicher Geberde vor dem Kreuz. Die Vortrefflichkeit in der Charakteristik und Ausführung des Einzelnen — die so weit geht, dass das Riemzeug der Pferde aus wirklichem Leder zugefügt ist, viele Figuren, Sprüche und Namen auf den Gewandsäumen tragen, eine der weinenden Frauen, bei der Kreuzigung zu äusserst links vom Beschauer, zum Trocknen der Thränen das Schnupftuch emporhält — wird deutlicher, als es der zu kleinen Abbildung möglich ist,[2] aus den beigefügten Holzschnitten sich kennzeichnen.

Bei Besprechung der Calcarer Holzschnitzwerke suchten wir darzulegen,[3] dass Brabant und Flandern die Heimath der niederrheinischen Holzschnitzwerke seien. Für die gleiche

---

2. Dieselbe hat leider durch die Hände des Lithographen eine Verschlechterung erfahren z. B. ruht der Todtenkopf am Kreuzesfuss der mehr im Vordergrunde knienden Magdalena scheinbar auf der Schulter.

3. Vgl. I pag. XXI und 25. und II pag. 2.

Herkunft des Clausener Altars besitzen wir einen ausdrücklichen Beweis, indem eine gleichzeitige Chronik unsern Altar eine tabula pulcherrima ex Brabantia allata nennt, welche der Prior Johannes von Endhoven stiftete. [4]

PFALZEL.

Palatiolum, ein fränkischer Königshof an der Mosel unweit Trier, woselbst Ende des VII. Jahrh. ein adeliges Damenstift angeblich von Adela, der Tochter Königs Dagoberts II. errichtet wurde. [1] Hier verweilte der heil. Bonifacius auf seinem Zuge zur Bekehrung der Friesen. Erzbischof Poppo verwandelte in Folge schlechter Zucht das Frauenkloster in ein männliches Collegialstift [2], das bis zur französischen Invasion fortbestand. Erzbischof Adalbero, der 1140 hier residirte, erneute die Befestigung von Burg und Ort, welcher in den folgenden Jahrhunderten häufig die Residenz der Trierer Erzbischöfe war. 1552 wurde Pfalzel vom Markgrafen Albrecht von Brandenburg eingenommen und verbrannt, und abermals 1675 und 1689 von den Franzosen zerstört.

11.

Romanisches Processionalkreuz des 12. Jahrhunderts, 21¼ Zoll hoch, von Eichenholz und vorne mit einer Bekleidung von Kupferplatten, welche gravirt, vergoldet und mit Kupferemaillen geschmückt sind. [3] Der Körper des Heilandes ist gegossen, vergoldet und lose aufgelegt. Am Fusse des Kreuzesstammes sieht man die symbolische Figur Adams, über dem Haupt des Erlösers die Hand Gottes, an den Kreuzenden die Symbole der 4 Evangelisten in vergoldeten Figuren. Zu letzteren ist zu bemerken, dass der Engelkopf des Matthäus gleich der Christusfigur reliefartig erhöht erscheint. Der Kreuzesstamm imitirt lebendes Holz, ist in der Mitte von dunkelgrüner, zu beiden Seiten von hellgrüner Farbe und hat einen gelben Rand, die übrigen Flächen zeigen auf dunkelblauem Grunde bunte Ornamente

---

4. Marx, Gesch. des Erzstiftes Trier IV. pag. 272. Aehnlichen, wenn auch spätern und mittelmässigern Altar der Kreuzigung mit dem Stammbau Christi u. s. w. besitzt die Kirche zu Merl. Kugl. 270. In der Pfarrkirche zu Clausen befinden sich ausserdem 1) In der Vorhalle Grabstein in g. Fig. des Philipp von Ottenesch † 1535. Vortreffliche Individualisirung in der Weise Holbeins vergl. Kugl. hl. Schr. II. p. 268. 2) Der Grabstein des Gottfried von Esch, Bruder des Vorigen u. Wohlthäters der Kirche, deckte ehemals dessen Grab in der Mitte der letzteren, und ist jetzt in der rechten Seitenmauer vor dem Annenaltar aufgestellt: Handwerksm. Figur im Harnisch. 3) Schöne Chorstühle mit Masswerk u. Blattverzierungen vom Ende des 15. Jahrh. zu beiden Seiten des Chores. 4) Zahlreiche Lichthalter von Schmiedeeisen aus dem 16. u. 17. Jahrhundert.

1. Kraus p. 124 im XLII. Jahrb. d. Vereins v. Alterthumsfr. Bärsch, Eiflia illustrata III
2. 1. pag. 482. Beyer und Eltester II. CLXXXIII. Marx IV p. 467. Ladner in den Mittheil. des hist.-archäol. Vereins I. 75.
2. Gest. Trev. Pertz Mon. 176.
3. Zwei ähnliche Kreuze befinden sich im Schatz des Kölner Doms und im Rittersaale des Schlosses Braunfels. Meine Abbildung des Pfalzer Kreuzes verdanke ich der Güte des Hrn. Dr. Ladner in Trier.

in weisser, gelber, grüner und hellblauer Farbe. Roth kommt nur im Nimbus, den Büchern der Evangelisten und in den Ornamenten vor.[4]

NEUERBURG,

Ortschaft im Kreise Bitburg.[1] Ueber dem Orte die Burg Neuerburg, das Stammschloss eines alten in der ersten Hälfte des 14. Jahrh. in seinem Mannesstamm erloschenen Geschlechtes.

12.

Krankenciborium von vergoldetem Kupfer, beinahe 1 Fuss hoch. Wie aus der Abbildung ersichtlich, ist das Gefäss zweitheilig. Beide Theile sind aufeinander gestellte Gefässe mit doppelten Wänden, das untere dient zur Aufbewahrung des heil. Oeles, das obere zur Aufnahme der heiligen Hostie. Letzteres ist durch ein Scharnier mit dem aufhebbaren Thurmhelm verbunden. Zum unteren Behälter des heil. Oeles gelangt man durch Abhebung des Obertheiles. Verschluss und Verbindung erhalten beide Gefässtheile durch zwei an ihrem Mantel in einandergreifende Scharnierringe, in welche der Stift eines vom Deckel ausgehenden Kettchens eingreift. — Der Fuss ist glatt und rund; der Schaftknauf mit 6 in

---

4. Früherhin besass die Kirche in Pfalzel einen nunmehr in Wien befindlichen geschnitzten Altar; vergl. Eye u. Falke: Kunst und Leben der Vorzeit. 27. 3. Unter den vielen von S. Maximin in Trier nach Pfalzel gekommenen Reliquien befindet sich auch das sogen. Abendmahlsmesser, ein kunstloser Gegenstand mit einem Hirschhorngriff u. silbernem Schriftband. Vom Moselgebiet sind noch folgende Gegenstände zu verzeichnen aus den Kirchen 1) von Hatzenport, ein schmiedeeiserner achteckiger goth. Kronleuchter in einem Nebenraum, und ein einfacher kelchförm. Taufstein bez. 1560. 2) von Bremm, auswärts eine schmiedeeiserne Kanzel bez. 1663 u. ebensolcher etwas früherer Lichtständer auf dem Söller. Die bei Klein l. c. gerühmten Altäre sind schlechtes Machwerk des 17. Jahrh. 3) Aldegund, gleiche Kanzel wie in Bremm, und handwerksmäss. Relief der Kreuzigung mit Donatoren auf dem Nebenaltar. 4) Karden, spätrom. Taufstein umstellt von 6 auf untergeschobenen spätern Capitellen ruhenden Säulchen; handwerksm. spätgoth. Altarrelief v. gebr. und bemaltem Thon, darstellend die Anbetung der Könige u. d. hh. Petrus, Paulus u. Castor; zwei gleiche kleine rom. Processionalkreuze von vergoldetem Kupfer, welche auf der Rückseite in Gravuren ein Medaillon mit dem Bilde des Lammes und die 4 Evangelistenzeichen, auf der Vorderseite den Crucifixus in gegossener Figur (bei einem Kreuze erneut) auf einem Fussbrett mit undurchbohrten nebeneinanderstehenden Füssen zeigen; Madonnenstatue v. 1500 (Kugler kl. Schr. II 271); Grabsteine in g. Fig. der 1439 gest. Margaretha von Ehrenberg u. ihres 1447 gestorbenen Mannes Cuno v. Pyrmont, des Hauptmanns Friedrich Schwan v. Cochem † 1590, des Heinrich v. Eltz † 1552 und des Georg v. Eltz † 1565. 5) Münstermayfeld, spätrom. achteckiger Taufstein mit Kleeblattverzierungen auf dem Mantel u. umstellt von 4 Säulchen, spätgoth. Kanzel, ebensolches einf. Sacramentshäuschen, (beide bei Stats T. 135) spätgoth. h. Grab u. geschnitzter naturalist. Passionsaltar d. 16. Jahrh. mit Anbringung von Brillen bei einzelnen Figuren, tüchtige handwerksmäss. Grabsteine des Cuno v. Eltz † 1529 u. s. Frau Eva v. Esch † 1531. 6) Cochem, Schöne Büste d. h. Martinus in getr. u. theilweise vergoldetem Silber. 14. Jahrh.; Grabstein des k. Hauptm. Niclas Keiser † 1569. 7) Neef, niedliches kleines Reliquiar von verg. Silber aus der Zopfzeit u. weibl. goth. Grabstein, verdeckt von der Kanzel. 8) Berncastel, Grabst. eines Ritters in g. Fig. v. 1372.

1. Bärsch, Eiffl. illustr. III, 1, 2, p. 535 f.

Silber niellirten Sternchen verziert; der Gefässmantel im untern Theile mit glatten Epheu-, im obern Theile mit eben solchen Weinlaub-Gravuren auf eingerissenem Hintergrunde geschmückt.

TRIER

in reizender fruchtreicher Thalebene an der rechten Seite der Mosel gelegen, ist wahrscheinlich nicht allein die älteste, sondern auch die bedeutendste Niederlassung der Römer diesseits der Alpen. Wenn eine Inschrift am alten Rathhause, dem jetzigen rothen Hause, sagt: Ante Romam Treveris stetit annis mille trecentis, wenn ferner die Sage behauptet, Trebeta, der Sohn der Semiramis habe Trier gegründet, so dürfen derartige spätere phantastische Ausschmückungen immerhin als Erzeugnisse des Bewusstseins hohen Alters und grosser Bedeutung erachtet werden.[1] Ob indessen die Augusta Treverorum schon unter Claudius die Stellung erlangte, um dieser Zeit die Errichtung der Porta nigra zuschreiben zu dürfen, erscheint zweifelhaft.[2] Jedenfalls gelangte sie aber seit dem 3. Jahrhundert zur vollen Bedeutung einer grossartigen kaiserlichen Residenz, wie die vielen daselbst erlassenen Gesetze, mannigfache schriftliche Nachrichten,[3] die längere Anwesenheit der Kaiser Maximianus Herculeus, Constantinus Chlorus, Constantins d. Gr. und seiner Nachfolger Valentinians I., Gratians u. Maximus, der damalige Umfang der Stadt,[4] die noch erhaltenen grossen Denkmäler der Porta nigra, des Amphitheaters,[5] der sogen. römischen Bäder,[6] der Basilika[7] und unausgesetzte Funde[8] erweisen.

---

1. Wenngleich der Bestand Triers vor der Ankunft Cäsars unbezeugt erscheint. Vergl. Düntzer gegen Steininger p. 159 u. 61 d. Jahrb. IX des Vereins v. Alterthumsfr. im Rheinl.

2. Neuerdings stellte diese Ansicht Prof. Hübner in den Monatsber. d. Berl. Ak. v. 4. Febr. 1864 auf. Niebuhr setzte das Gebäude ins 3. Jahrh. (Jahrb. IX p. 2) u. Wyttenbach (Neue Forsch. p. 9. Trier 1835. p. 19 Forsch. über d. röm. Alterth. im Moselthal 1844) nach Analogien ähnl. Buchstabenformen wie derjenigen an den Steinblöcken der Porta, ins 4. Jahrh. Letzterer wie Hetzrodt (p. 22 der Nachrichten über die alten Trierer. 1817.) Schmidt (Baudenkmale v. Trier V. Lief. p. 179) Krieg v. Hochfelden (Gesch. d. Militärarchitectur p. 34) u. Hübner l. c. erachten das Bauwerk als integrirenden Theil des befestigten Mauerringes — eine Annahme, die aber unseres Erachtens eine weit jüngere Datirung als diejenige in die Zeit des Claudius nach sich zieht, weil bisher noch keinerlei Beweise vorliegen, um Trier in jener Zeit schon als eine grossartige befestigte Stadt anzusehen. Auch der nicht zur Fertigstellung gelangte Zustand deutet auf spätere Zeit.

3. Ausonius v. 24 u. 421 u. die Jahrb. VII p. 73 hierzu angeführten Stellen. Dazu Zosimus III hist. 708. Für die Münzstätte in Trier vergl. m. Jahrb. XVIII p. 114.

4. Ueber den Umfang der Stadt: Ladner p. 20 d. Jahresber. d. Ges. f. nützl. Forschungen 1854 u. p. 22. 1855.

5. Für das Amphitheater vergl. m. Schmidt, Baudenkmale V. Lief. u. Wilmowsky: Jahresb. d. Ges. f. nützl. Forsch. p. 3 ff. 1855. Leider wurde dasselbe schon 1211 von Erzb. Johann dem Kloster Himmerode als Steinbruch überwiesen, Beyer II p. 313.

6. Ladner: Ebendas. p. 54 für 1859 u. p. 100 Heft I d. Mittheil. d. hist.-archäol. Vereins v. Trier. 1856.

7. Schmidt, Baudenkmale V. Lief. Schneider im Beiblatt Philantrop zur Trier. Zeit. 1844. Kugler, kl. Sch. II. 94 ff. . Die Basilika in Trier. Trier 1857.

8. Dieselben sind verzeichnet in den Jahresberichten d. Ges. für nützl. Forsch. in den Jahrb.

Auch die Bedeutung, welche Trier neben Mainz als ältestes Bisthum in Deutschland für die Verbreitung des Christenthums in Norddeutschland erlangte, hat eine legendarische Form angenommen: die Apostelschüler Eucharius, Maternus und Valerius vom heil. Petrus zur Einführung des Christenthums nach Gallien gesendet, sollen die ersten Bischöfe von Trier geworden sein.[9] Alles was wir an Nachrichten und monumentalen Zeugnissen aus dem ersten Jahrtausend besitzen, lässt keinen Zweifel, dass das bischöfliche Trier mit seinen grossartigen geistlichen Stiftungen von ungleich grösserer Wichtigkeit für die kulturhistorische Entwicklung Deutschlands, als seine übrigen Schwestern war.[10] Wie frühzeitig das christliche Rom,[11] umgaben auch Trier ausserhalb bedeutende Gotteshäuser. Unter denselben ragen hervor:

1) S. Mathias. Die angeblich im Jahre 70 p. Cbr. vom heil. Eucharius gegründete gleichnamige Benedictinerabtei, deren hohes Alter ein altchristliches Coemeterium bezeugt.[12] Vom Erzbischof Egbert wurde dieselbe umgebaut und 978 der Bau einer Maternuskirche zugefügt und sie seit dem 12. Jahrhundert in Folge der 1127 gefundenen Reliquien des Apostels Mathias nach diesem benannt,[13] 1148 abermals umgebaut und vom Papst Eugen geweiht. Weitere Umbauten fanden im 16. u. 18. Jahrb. statt.[14] Berühmt ist das Kloster durch die

---

des Ver. v. Alterthumsf. u. in Schneemann's römischem Trier. 1852. Bedeutende Resultate versprechen noch die Ruinen eines röm. Pallastes am Moselufer bei S. Barbara, woselbst die schönste bisher in Trier gefundene Sculptur, der Amazonentorso, zu Tage kam, und von welchen noch Ortelius in seinem Itinerarium per Belgic. einen hoch emporragenden Theil abbildete.

9. Browerus et Masenius: Antiquitat. et Annal. Trevirens. Lüttich 1670. I, p. 482. Hontheim: Prodromus Histor. Trevirensis. 1757. II p. 747. Act. SS. Ian. II, 917. Gesta Pontificum Tungrensium, Traiectensium et Leodiensium bei Chapeville. 1612. I p. 9. Otto von Freisingen: Annalen III, 15. Eine Geschichte des Apostelschülers Maternus aus einer alten Handschrift der Canonie Corpus Christi, abgeschrieben vom Notar Wilken, in Gelen. farrag. XXV, 103 ff. Vgl. Walch, de Materno uno u. Friedrich, Kirchengesch. Deutschl. I 421. — Ennen, Gesch. v. Köln I, 60.

10. Aus römischer Zeit wird erwähnt, dass zur Zeit des Aufenthalts des hl. Athanasius in Trier man mit dem Bauen einer grossen Kirche beschäftigt war und der Gottesdienst in der noch unvollendeten Kirche gehalten wurde. (Athanas. Apolog. adv. imp. Constant. I 682 ed. Paris. 1627.) Diese Stelle wurde ohne Berechtigung so verstanden, als ob es früher noch keine Kirchen in Trier gegeben habe; Aquileja, welches Athanasius ebenso nennt, hatte gewiss schon früher Gotteshäuser.

11. Vergl. Mittheil. d. histor.-archäol. Ver. zu Trier I p. 79.

12. Die erste Erwähnung bei Greg. Turon. d. vita Patr. c. 17 (Hontheim Podr. 417). Vergl. Jahrb. d. Ver. v. Alterthumsfr. VII p. 81.

13. Jahrb. v. Hildesheim z. Jahre 1126 u. Marx, Gesch. d. Erzstifts Trier III 167. Nach Brower I 531, Hontheim I 394 u. Beyer I 395 wurden 1053 die Gräber des Eucharius u. Valerius hier gefunden. Des letztern Gebeine erhielt Heinrich III für Goslar. Die Echtheit des Mathiasgrabes wird in Frage gestellt durch die Nachricht der Jahrb. v. Pöhlde z. J. 1144, wonach Heinrich II. († 1024) schon vor dessen Auffindung, Theile der Gebeine des Apostels Mathias der Hauptkirche zu Goslar schenkte.

14. Schmidt II. Lief. s. Baudenkmale Triers.

eifrige literarische Thätigkeit seiner Klosterschule,[15] seine ehrwürdigen Grabstätten und die grossartigen Wallfahrten zu den Gebeinen des Apostels Mathias.

2) St. Maximin, jetzt eine Kaserne und nach der Tradition unter Constantin d. Gr. durch den Begleiter des heil. Agricius, einen heil. Johannes, aus einem Pallast in eine Kirche umgewandelt, vertauschte angeblich nach der Beerdigung des heil. Maximin daselbst, den Namen des Ersteren mit dem des Letzteren. Die frühste Erwähnung geschieht auch hier durch Gregor von Tours, der uns die Kirche als besuchten Wallfahrtsort zum Grabe des h. Maximin bezeichnet. Einen Umbau der Kirche soll schon 670 Abt Hildulf vollzogen und das Kloster für 100 Mönche eingerichtet haben, ein weiterer fand nach der Normannenzerstörung 882 statt, der 942 vollendet und geweiht wurde. Eine abermalige Weihe nach einem Brande von 1240 verrichtete 1245 Erzbischof Conrad v. Cöln. In Folge der Belagerung Triers durch Sickingen ward 1522 S. Maximin von den Trierern selbst in Brand gesteckt und nach seinem Wiederaufbau 1552 von Albrecht von Brandenburg und 1674 von den Franzosen zerstört. Der Reichthum des Klosters war so gross, dass es bereits 1023 dem König Heinrich II. einen Gütercomplex von 6656 Mansen zu Lehen übergeben konnte. Nach einer Bulle Urban VIII. betrugen die Jahresrevenuen zu Anfang des 17. Jahrh. 6000 Ducaten, gegen Ende des 18. stiegen sie auf ungefähr 150,000 Gulden. Wenige Klöster kommen S. Maximin gleich an Ansehen und Bedeutung, wenngleich seine Geschichte durch gefälschte dem Nachweis der Reichsunmittelbarkeit dienende Urkunden verdunkelt bleibt. Bis zum 17. Jahrh. stritt es gegen die Erzbischöfe von Trier um die Reichsunmittelbarkeit.[16] Kaiser Friedrich III. hielt hier 1473 seine berühmte prunkvolle Zusammenkunft mit Karl dem Kühnen. Eine grosse Zahl von Klöstern und bedeutenden Männern gingen von S. Maximin aus,[17] und belangreich war es für Wissenschaft und Kunst durch eigene Thätigkeit und mannigfache Denkmale.[18]

3) S. Paulin. Bischof Felix (4. Jahrh.) erbaute eine Marienkirche, in der er die Gebeine des in Phrygien gestorbenen Trierer Bischofs Paulin, des muthvollen Vertheidigers des Nicaenum, beisetzte; an derselben Stätte fanden fast alle Nachfolger auf dem bischöflichen Stuhl

---

15. Im 12. Jahrh. blühte diese Klosterschule, von der Trithemius so Vieles, indess so wenig Zuverlässiges zu sagen weiss. Sie war der Hauptherd der historischen Thätigkeit und aus ihr gingen die „gesta Trevir." hervor. Vgl. Waitz in den proleg. zu gest. Trev. bei Pertz mon. X und Marx III, 175. Besondere Bedeutung erlangte im 15. Jahrh. das Kloster als Ausgangspunkt der nach dem Kloster Bursfeld benannten Reform des Benedictinerordens. Marx III, 204 ff.

16. Die Schrift des Amtmanns von Maximin Zillesius: Defensio abbatiae imperialis S. Maximini, war von gewichtigem Einfluss für das Studium der Diplomatik.

17. z. B. Der hl. Anno, erster Abt des Klosters Bergen zu Magdeburg, zuletzt Bischof zu Worms († 974); Hartwich, der Reformator von Tegernsee († 982), Ramwold, lebte zu St. Emmeran in Regensburg (um 970), der hl. Sanderad, erster Abt von Gladbach (973), Adelbert, Erzbisch. v. Magdeburg († 984), Wolfhelm, Abt zu Brauweiler († 1091).

18. Gregor von Tours wie Fortunatus nennen beide S. Maximin u. S. Eucharius Im S. Maximin fand auch Ada, die Schwester Carls d. Gr., ihr Grab. Vergl. Anmerk. 30—34.

ihr Grab, bis auf Eberhard († 1066), von wo an die Erzbischöfe im Dom beerdigt wurden. In der Völkerwanderung zerstört, soll die Kirche durch Erzbischof Marus (angeblich 480, aber unerwiesen) hergestellt sein. Nach der abermaligen Zerstörung durch die Normannen 882 ward Erzbischof Egbert der Wiederhersteller der Kirche. Egbert schenkte derselben auch einen prachtvollen, jetzt in der Stadtbibliothek bewahrten Evangeliencodex, den er in Reichenau anfertigen liess.[19] Nach durchgreifenden Reparaturen und Erweiterungen der Kirche weihte Leo IX. diese 1049 abermals ein; doch ward auch dieser neue Bau schon 1093 durch Brand zerstört. Der Neubau, durch Erzbischof Bruno hauptsächlich gefördert (seit 1101 und 1107 der Chor vollendet), wurde 1148 durch Pabst Eugen III. consecrirt. Nachdem dieser Bau durch die Franzosen 1694 zerstört war, baute man im 18. Jahrhundert die jetzige Pfarrkirche. An die Paulinuskirche knüpft sich die Sage von dem Martyrerthum des heil. Palmatius und seiner Genossen (innumerabilium martyrum), über welche die Acten noch nicht geschlossen sind.[20]

4) S. Maria ad Martyres. Ursprünglich B. M. V. ad ripam, oder ad Mariam veterem, oder ad monachos genannt. Die Abtei ist eine Stiftung Willibrords und Pipins des Aeltern und Erzbischof Liutwins. Die älteste Erwähnung begegnet uns im 8., der erste namhaft gemachte Abt — Deodatus — im 10. Jahrhundert, in welchem auch Egbert durch seine Schenkungen einen Neubau scheint hervorgerufen zu haben. Er weiht[21] die Crypta 980. Das einzige monumentale Zeugniss dieses Klosters ist der Taf. LX 3 abgebildete Tragaltar des h. Willibrord.

5) S. Martin. Als S. Martin 385 in Trier einen Diener des Senator Tetradius geheilt, soll ihm letzterer sein Haus übergeben und zu einer Kirche hergestellt haben. Nach der Zerstörung durch die Völkerwanderung baute hier der h. Magnericus (587) eine der vier von ihm zu Ehren des h. Martin geweihten Kirchen. Die Normannen zerstörten dieselbe 882 und Ratbod, der Regino von Prüm hierhin berief, stellte die Abtei wieder her. Indess auch in der Folge litt sie Vieles durch die Bedrückung weltlicher Grossen und selbst der Erzbischöfe, bis Theodorich I. 972 sich ihrer annahm. Im Jahre 1802 ward S. Martin säcularisirt. Eine herrliche edelsteinfunkelnde Reliquientafel des 13. Jahrb. — wahrscheinlich ein Nachbild derjenigen zu Limburg, Mettlach und S. Mathias — scheint leider verloren,[22] wohingegen Zeugnisse litterarischer Thätigkeit uns noch erhalten sind.[23]

Innerhalb des Stadtringes überragt in künstlerischer wie kirchlicher Beziehung alle

---

19. Marx IV, 58 Jahrb. d. Ver. v. Alterthumsfr. XLIV p. 199 ff.
20. Schmitt, die Kirche d. h. Paulin. Trier. 1858. Lindo, der Frankenherzog. Rictiovar Trier. 1852. Marx IV. 59.
21. Beyer Urkundenbuch I. 15 u. 299 Görtz Regesten ad ann. 980.
22. Marx III 261 vergl. 264. Enen, p. 180 erwähnt des Kammes, den S. Martin gebraucht, als hier vorhanden.
23. Der erste urkundlich gen. Abt ist Engelbertus 975 (Beyer 1 715). Der Abt Eberwin schrieb im XI. Jahrh. das Leben des heil. Simeon, des h. Magnericus, die Gesta Popponis u. s. auch Einiges über die Geschichte und die Bedrängnisse von St. Martin. Seine Identität mit Eberwin von Tholei hat Marx Erzst. III. 255 erwiesen († 1040).

übrigen Gotteshäuser der Dom. Seine durch das Verdienst eifriger Nachforschung klar daliegende Baugeschichte von der Umwandlung eines römischen Quadratbaues in eine Kirche an, bis zu den Zuthaten der letzten Jahrhunderte, gewährt eins der lehrreichsten kunsthistorischen Bilder.[24] Die weitere Entwickelung religiösen Lebens ergab im vorigen Jahrhundert eine Anzahl von 11 Manns- und 7 Frauenklöstern.[25]

Ueber diese durch ihre römischen und altchristlichen Monumente so bedeutende Stadt gingen schon bis zum Anfang des 5. Jahrhunderts wiederholte Zerstörungen und kriegerische Actionen hinweg, die mit der vollständigen Herrschaft der Franken endeten.[26] Wenn Trier auch noch hin und wieder als Residenz fränkischer Könige erscheint, so trat es doch als zweite Stadt Lothringens hinter Metz nunmehr bis zum Ende des 10. Jahrhunderts zurück. Auch eine Verwüstung durch die Normannen im Jahre 883 ward ihm nicht durch das fränkische Scepter erspart. Ein Wiederaufblühen Triers begann erst durch die unter Heinrich 1. vollzogene Wiedervereinigung Lothringens mit Deutschland. Otto III. befreite den Bischof von Trier von jeder weltl. Jurisdiction. Die Regierungen der Erzbischöfe Egbert, Poppo, Hillin etc. geben mit dem Beginne sicherer Nachrichten ein untrügliches Bild des plötzlichen Aufschwungs. Bauten aller Art werden wieder aufgenommen, und 1192 unter Erzbischof Johann das Stadtgebiet mit neuen Mauern umgeben. Waren die Erzbischöfe von Trier auch schon seit dem Ende des 12. Jahrh. mächtige, in Waffen geübte Reichsfürsten, so erscheinen sie nun seit dem Ende des 13. Jahrh. als Churfürsten in wachsender Macht durch die Bedeutung ihrer Wahlstimme. Erzbischof Balduin, der es durch seine Klugheit verstand, seinen Bruder Heinrich VII. auf den deutschen Kaiserthron zu erheben, steht als der eigentliche Schöpfer der Grösse und der Organisation des Churfürstenthums da, die sich ungeachtet der Fehden vielfachster Art, der furienhaft hereinbrechenden Pest,[27] des Taumels massenhafter Hexenprozesse[28]

24. Die Sage, Helena habe zu dessen Herrichtung ihren Palast hergegeben, stammt wol aus den Gesten, denen sich Hincmar apud Pertz VIII p. 151 anschliesst (Vita S. Helena). Man verdankt die Erforschung der merkwürdigen Baugeschichte des Domes dem umsichtigen Eifer des Domcapitulars v. Wilmowsky und kann nur die dauernde Zurückhaltung ihrer Veröffentlichung bedauern. Die Veröffentlichungen bei Schmidt, Baudenkm. II. Lief. und Roisin, la Cathédrale de Trèves. Paris 1861 bei Didron, entsprechen nicht ganz den Wilmowsky'schen Resultaten.

25. Wir wollen unter denselben das im 7. Jahrh. gegründete jetzt die vereinigten Hospitien aufnehmende S. Irminenkloster u. S. Simeon hervorheben. Die Porta Martis ward nach dem Ableben des ehemaligen Reisebegleiters des Erzbischof Poppo, des heil. Simeon, der in ihr als Recluse gelebt, zu einer Kirche eingerichtet. Bis 1802 ruhten in ihr die Leiber Poppos, des heil. Simeon und des berühmten Weihbischofs von Hontheim; alle drei befinden sich jetzt in der Gervasiuskirche. Das Stift S. Simeon bestand seit 1142 und zählte unter seinen Mitgliedern eine grosse Zahl bedeutender Männer, wie Balderich, der Adalbero's Leben schrieb, Joh. v. Leiwen, Joh. Rode, Pet. Binsfeld († 1598), Joh. Linden, Christoph Neller und vor Allem den Stiftsdechant u. Weihbischof Nicol. v. Hontheim (Febronius). Ueber die ältesten Pfarrkirchen vergl. m. Eltester, Urkundenb. II p. CCXI u. Hansen, Beiträge zur Gesch. d. Pfarreien v. Trier. 1830.

26. Jahrb. IX p. 166.

27. 1313, 1348 u. 49 wüthete in Trier die Pest.

28. 1231 fanden Albigenserverfolgungen und von 1587—93 viele Hexenprocesse statt.

unvermindert bis zum Ende erhielt. Ja selbst aus der Reformation ging es ungeachtet der Kämpfe mit Sickingen 1523 und Albrecht von Brandenburg 1563 unversehrt hervor. Der Protestantismus unterlag in Trier seit der Niederschlagung des olevianischen Aufstandes, wenn gleich sein Zusammenhang mit dem Kampf der Stadt Trier um die Reichsunmittelbarkeit ihn zeitweise den Erzbischöfen gefährlich machte. Der nach Selbständigkeit aufstrebende Bürgersinn hatte nach dem Beispiele anderer Städte längst nach Befreiung von der Jurisdiction der Erzbischöfe gestrebt und zuletzt den Kampf offen aufgenommen. Wie erschütternd diese Streitigkeiten auch auf die Wohlfahrt der Stadt einwirkten, so waren doch sie gerade die Veranlassung zur Erforschung vaterländischer Vorzeit. Indem der städtische Syndicus, Wilhelm Kyriander in seinen Antiquitates Augustae Trevirorum den Beweis zu liefern suchte, dass Trier stets eine freie Reichsstadt gewesen, rief er Browers auch für die Kunstwissenschaft so wichtige Annalen und damit eine ganze Litteratur hervor. Das Urtheil Rudolphs II. entschied den Streit endgültig zu Gunsten des Erzbischofs. Eine Periode fortwährender Leiden und Heimsuchungen bezeichnet für Trier die Regierung des Churfürsten Philipp Christoph von Sötern zur Zeit des dreissigjährigen Kriegs, dem die grausamen Ueberfälle der Stadt unter Ludwig XIV. seit 1675 folgten. Auch im 18. Jahrh. ward Trier in Folge der französischen Kriege schwer beschädigt. Die Regierung des letzten Churfürsten, des polnischen Prinzen Clemens Wenzeslaus, zeichnet dann nochmals ein reges wissenschaftliches Streben aus. Mit ihm erlosch durch das Einrücken der Franzosen im Jahre 1794 die territoriale Selbständigkeit des Erzbisthums, das nach Zertrümmerung seines Wohlstandes und Ausraubung seiner Kirchen bis zum Ende der französischen Invasion mit Frankreich verbunden blieb.

Die Bedeutung, welche Trier als römische Residenz, als Ausgangspunkt des nordischen Christenthums, als Sitz glänzender Klöster und als mächtiges Reichsland behauptete, bereitete unausbleiblich auch der Wissenschaft und Kunst eine bleibende Stätte. Im Eucharius-kloster, wie in St. Maximin entstanden schriftstellerische Werke, unter denen wir nur die gesta Trevirorum hervorheben wollen. [29] Für die Kunstthätigkeit im letzteren Kloster besassen wir bis zum Ende des 17. Jahrhunderts ein herrliches Zeugniss in einem Metallbrunnen, den der Mönch Goshert im 10. Jahrhundert anfertigte. [30] Die Erwähnung einer goldenen Altartafel, [31] zweier Kronleuchter, [32] eines Kreuzes, [33] wie der kostbaren Ausstattung der Kirche gelegentlich der Zusammenkunft Kaiser Maximilians und Karls des Kühnen, [34] werfen ein Streiflicht auf die Kunstthätigkeit wie Reichthum der berühmten An-

---

29. Vergl. darüber Pertz, mon. script. VIII pag. 123—128 u. den Text p. 130 ff. ed. Waitz.
30. Hontheim, Prodromus II p. 1003, Marx III p. 62.
31. Prodr. II p. 988.
32. Prodr. II p. 1014.
33. Prodr. II p. 1019.
34. Gesta Trev. Vol. II p. 347 ff. Progr. d. Bürgerschule zu Trier 1852 p. 1 ff. Mone's Anzeiger 1864 p. 239. Wigand Westphäl. Archiv I, 2, p. 127. Als 1425 in vigilia Simonis et Judae der Abt Lambert von Passenhausen mit dem Spitäler Nicolaus von Lohrich und dem Küster Johann von Rodenhausen die Alterthümer und Heiligthümer der Abtei nach-

stalt. Diesen Nachrichten schliessen sich für die frühere Zeit Zeugnisse an, wonach im 6. Jahrh. Bischof Nicetius, dem man die Errichtung des Doms aus einem heidnischen Gebäude und einer prachtvollen Burg (Bischofstein?) zuschreibt, italienische Künstler verschrieb, von welchen vielleicht das herrliche von der Mosel in das Berliner Museum versetzte Elfenbein-Ciborium mit der Darstellung des Heilandes und der Apostel in ganz antiker Weise herrühren mag, ferner König Arnulf 891 den Priester Siginand als berühmten Künstler mit einer Abtei belehnte.[35] Hinzu tritt die Schilderung Hincmars[36] aus dem 9. Jahrhundert, über die Pracht des Doms, und die grosse Kunstthätigkeit Bischof Egberts im 10. Jahrhundert. Von ihm wissen wir, dass er am Dom in S. Paulin, S. Mathias, S. Marien u. s. w. baute, dass er einen grossen Theil seiner Habe zu den Kirchenzierden hergab; wir besitzen ja noch als Zeugnisse seiner Kunstthätigkeit die p. 79 verzeichneten herrlichen Werke. Und über das Ansehen dieser Werkstatt lässt das uns brieflich aufbewahrte Verlangen Gerberts von Rheims, des späteren Pabstes Silvester an Egbert um Herstellung von Kunstwerken keinen Zweifel und stellt es klar, dass die Kunst Lotbaringiens im 10. Jahrhundert grösser, fortgeschrittener als die französische, Trier, Rheims überlegen war.[37] Solchem Kunstbetrieb unter Egbert entspricht weiterhin die grosse Bauthätigkeit Poppos,[38] der Reichthum an Kunstwerken im Vermächtniss Bruno's an den Dom[39] (1124), die Verpfändung seines goldreichen Hochaltars an Erzbischof Johann,[40] wie das uns noch erhaltene Schatzverzeichniss dieser Kirche[41] (1274). Dass dieser Kunstbetrieb ein einheimischer verblieb, erhärten die Kreuztafeln von S. Mathias und Mettlach (Taf. LXII. 1 und LXIII. 1) wie die Sculpturen des Neuthors (Taf. LXII. 3). Auch der Eintritt der gothischen Baukunst nach Deutschland nahm durch Errichtung der Liebfrauenkirche[42] über Trier seinen Weg. Renaissance und Zopf blieben in üppiger Entfaltung nicht zurück, wie die Errichtung der letzten churfürstlichen Residenz, die Grabmäler der Erzbischöfe Greifen-

---

sahen, fanden sie 8 mit kostbaren Edelsteinen besetzte Bücher, unter ihnen den Codex aureus, ferner 2 Bronzestatuen, darstellend eine Eos mit silbernen Augen und eine Venus mit silbernen Brustwarzen, desgleichen ein marmornes Basrelief, eine liegende Leda darstellend, endlich ein türkisches Gewebe, anscheinend ein altes Prachtgewand. Vergl. S. Müller, Vesuv. 1785 p. 91.

35. Brief des Bischofs Rufus bei Hontheim hist. dipl. I 37. Ven. Fortunatus lib. III. p. 9. u. ders. in den Jahrb. d. rh. Alterthumsv. VII. p. 119. Beyer, Urkundenbuch I p. 137.

36. Hincmar bei Fiorillo, Gesch. d. z. Künste I p. 386.

37. Siegeskreuz p. 20.

38. Er erbaut die Symeons-Kirche und die Erweiterung des Doms und wird auf dem Bauplatz. des letztern von einem Sonnenstich getroffen.

39. Calmet, hist. de Lorr. III 109. Prodr. I p. 705.

40. Er erhält vom Hochaltar zwei goldene, 12 Mark schwere, mit Edelsteinen besetzte Bilder Regesten bei Görz im Jahre 1190.

41. In dem II. Hefte der Mittheil. des hist.-arch. Vereins zu Trier p. 125.

42. Schmidt, Baudenkmale Heft I. Schnaase V p. 478. Eine Notiz des 13. Jahrh. in einem Necrologium der Liebfrauenkirche, im Besitze des h. Dompropstes Holzer in Trier, nennt deren ältern Bau unter dem Titel auch Johannes des Täufers, woraus wohl hervorgeht dass letzterer, durch den im Neubau beibehaltenen Grundriss und Lage genugsam charak' terisirt, die Taufkapelle des Domes war.

klau und Metzenhausen und Andrer, die edelsteinfunkelnden, nunmehr im Dom zu Limburg und im Besitz des Herzogs von Nassau befindlichen Kirchengeräthe jener Zeit beweisen. Obgleich beim Annahen der Franzosen der Domschatz wohl verwahrt auf 24 Wagen zu Schiffe und nach Ehrenbreitstein gerettet wurde, so verschleuderten ihn doch bis auf das verhältnissmässig Wenige auf den beifolgenden Tafeln Abgebildete, die missdeuteten Bestimmungen des Reichsdeputationshauptschlusses.[43]

Selbst diese kurzen Hinweisungen werden genügen, um zur weitern Erforschung der mittelalterlichen Kunst Triers aufzufordern.

Taf. LV.

I.   1a—1d.

Tragaltar des heil. Andreas, in seiner Art das reichste und eigenthümlichste Werk der Goldschmiedekunst des 10. Jahrhunderts. Als letzteres und zwar als eine Schöpfung Egberts von Trier wird es bezeugt durch folgende auf den vier Rändern des Deckels in aufgenieteten Goldbändern (vgl. 1d) eingravirte und schwärzlich eingeriebene Inschrift: Hoc sacrum Reliquiarum conditorium Egbertus Archiepiscopus fieri iussit et in eo pignora sancta servari constituit: clavum videlicet Domini, dentem S. Petri, de barba ipsius et de catena, sandalium S. Andreae Apostoli ali asque sanctorum Reliquias. Quae si quis ab hac aecclesia abstulerit anathema sit. Eine zweite gleichartige Inschrift, welche das Reliquiar zugleich als Tragaltar bezeichnet, umgiebt auf dem Deckel den kleinen Altarstein (vgl. 1 u. 1 d) und lautet: Hoc altare conseeratum est in honore S. Andreae apostoli.[1] Wenngleich jeder Tragaltar an und für sich durch seinen Reliquieninhalt auch ein Reliquiar ist, so ersehen wir doch aus letzterer Benennung des Behältnisses in der Hauptinschrift, aus der Bedeutung der darin enthaltenen Reliquie des heil. Nagels, der monumentalen Hervorhebung der Andreasreliquie durch Anbringung des Fusses auf der dem Altarsteine zukommenden Mitte der Deckelfläche und der seitlichen Stellung des letztern, dass es in erster Linie ein Reliquiarium und erst in zweiter Linie ein Tragaltar sein sollte. Wichtiger ist die Nachricht der Inschrift, wonach Erzbischof Egbert von Trier (977—93) dasselbe anfertigen liess. Egbert verehrte in hohem Grade den heil. Andreas, zu dessen Andenken er an der Nordseite des Domes zu Trier eine besondere auch zu seinem Begräbniss dienende Capelle erbaute.[2] Grund genug für dieses dem heil. Andreas darge-

---

43. Vergl. m. Schr. das Siegeskreuz Constantin VII etc. p. 5 u. Kraus: Beiträge zur Trierschen Archäologie u. Geschichte I p. 165 ff.

1. Die Buchstabenformen, bei 1 d ersichtlich, sind von gleichem Charakter wie an dem unter Egbert angefertigten Petrusstabe (vgl. mein Siegeskreuz Constantin VII. p. 17). An beiden Werken wird ecclesia mit ae, der Buchstaben G. im Namen Egbert eckig geschrieben: indessen kommt am Tragaltar kein einziges rundes E vor. Einige abgebrochene Buchstaben in den Worten servari und dentem haben wir unbedenklich nach Brower Annal. Trev. L p. 493 ergänzt.

2. Gesta Trevir. III p. 243 Brower I. p. 493. Hontheim p. 748. Die Capelle wurde nach Marx IV, 54, im Jahre 1792 auf den Wunsch eines Domherrn — an der betreffenden Stelle eine bequemere Durchfahrt für seine Equipage zu erhalten — abgerissen.

brachte Weihgeschenk, und die Annahme seiner ursprünglichen Aufbewahrung in der gedachten Capelle.

Anderwärts wie in der vorhergehenden Einleitung p. 77 haben wir bereits der grossen Bedeutung der Kunstthätigkeit Egberts gedacht. Die aus Briefen Gerberts von Rheims, des spätern Pabstes Sylvesters — worin letzterer von Egbert besonders die Herstellung eines Kunstwerkes mit Glasschmuck verlangt[3] — hervorgehende Thatsache, dass die Kunstthätigkeit Triers damals derjenigen der Königsstadt Rheims überlegen war, gewinnt durch die Zahl und den Werth nachweisbarer Kunstwerke Egberts wie weiterer Nachrichten erst ihre volle Bedeutung. Zu ersteren gehören ausser unserm Tragaltar vor Allem als noch vorhanden und inschriftlich bezeugt, die früherhin in dem Dom zu Trier, jetzt in Limburg a. d. Lahn aufbewahrte Theka mit dem Stabe des Apostels Petrus[4], dann durch seine grosse Aehnlichkeit in den Verzierungen des Deckels das Echternacher Evangeliar zu Gotha;[5] ferner die mit den Bildnissen Egberts und vielen charakteristischen Miniaturen geschmückten Handschriften eines Evangelistariums auf der städtischen Bibliothek zu Trier[6] und eines Psalteriums zu Cividale in Friaul.[7] Weitere Nachrichten erzählen uns von Egberts erwähnter Bauthätigkeit und besagen im Allgemeinen sowol, dass er einen grossen Theil seines Vermögens zu kostbaren Kirchenzierden hergab,[8] als sie auch solche Geschenke im Besondern aufzählen; z. B. ein prachtvolles Kreuz und eine kostbare, goldene, edelsteinreiche Altartafel für das holländische Kloster Egmond,[9] in welchem er seine Erziehung genoss. Diese Andeutungen werden gewiss zu weitern Nachforschungen jenes unter den Ottonen beginnenden Wiederaufblühens der Künste beitragen, dem wir gleichmässig in Trier, Magdeburg und Hildesheim[10] begegnen und welches durch die Anregungen der Kaiserin Theophanu zunächst eine byzantinische Richtung empfing.

Gehen wir zur Beschreibung des für die Beurtheilung der Kunstthätigkeit des 10. Jahrh.

3. aus'm Weerth: Siegeskreuz der Kaiser Constantin VII. und der Hirtenstab des Apostels Petrus. Bonn 1866 p. 18. — Wir haben daselbst p. 20 den Ausdruck im Gerbert'schen Briefe: cum adjunctione vitri auf Glasfluss, Emaille, bezogen, weil Emaille Glasfluss ist, und die beiden inschriftlich bezeugten Werke Egberts, nämlich unser Tragaltar und der Stab Petri sich hauptsächlich durch ihre Emaillen auszeichnen. Indessen geben wir zu, dass das Vorkommen von Glas am Andreasaltar auch zulässt, solches anzunehmen.
4. Abgebildet auf Taf. IV daselbst.
5. Quast u. Otte, Zeitschr. f. christl. Archäologie II. T. 17.
6. Irriger Weise haben wir p. 20 der Egberthandschrift d. städt. Bibliothek zu Trier, welche Kugler, kl. Schr. II 337—40 u. Waagen, Handb. d. Mal. I p. 12 besprechen, die Metalldeckel des Chartulars v. Prüm Taf. LXI. 10.) zugeschrieben.
7. Eine Beschreibung desselben gibt Eitelberger p. 252 im II. B. der Jahrb. d. k. k. Centralcommission. Wien 1857. Da in einer der Miniaturen Egbert das Buch dem hl. Petrus darbringt, hat wol die Annahme einige Berechtigung, dass er es für den Dom zu Trier, der diesem Apostel geweiht war, anfertigen liess.
8. Marx III p. 168.
9. Brower I p. 492.
10. Jahrb. v. Magdeburg ad ann. 973 u. 82.

so wichtigen Werkes über : Der in perspectivischer Ansicht bei 1 in ¼ bei 1a—1d in der natürl. Grösse abgebildete Schrein ist in seinem Kerne von Holz und durchweg mit feinem Goldblech bekleidet. Die beiden Langseiten zeigen jede in einem mit Emaillen und Edelsteinen bekleideten dreitheiligen Rahmen, drei durch je vier emaillirte Rosetten gleichsam befestigte Elfenbeinplatten. Auf den mittlern derselben sieht man einen kleinen gegossenen, goldenen Löwen, auf den äussern, Goldplatten mit den in natürlicher Grösse bei 1a abgebildeten Emaillebildern der vier Evangelistensymbole. — Der als Schieber behandelte Deckel trägt auf seiner Mitte in Anknüpfung der im Innern aufbewahrten Sandale des heil. Andreas einen in edler Form in Holz geschnitzten, mit Goldblech bekleideten und mit Edelsteinbändern umgürteten Fuss. Derselbe scheint mit der Deckelfläche ein Stück zu bilden und trug ehemals als Hauptschmuck auf seinem obern Abschluss einen nunmehr verlorenen grossen Edelstein — wahrscheinlich einen geschnittenen Onyx — von welchem nur die kunstvolle sechseckige Fassung verblieb. Hinter dem Fusse befindet sich ein einzelner blauer Edelstein und das Schloss, vor demselben die kleine Altarplatte (1d) von Emaille und an den vier Ecken je ein vergoldeter silberner Ring. Letztere dienten wol dazu, um bei festlichen Gelegenheiten das Reliquiar in einem Ciborienaltar aufzuhängen oder in Processionen an Stangen herumzutragen. Spätern Ursprungs dürften die nur von vergoldetem Kupfer hergestellten Löwenfüsse sein. Mit Kupferblech ist auch die Bodenfläche bekleidet.

Bei Weitem die merkwürdigste Ausschmückung wurde aber den in gleicher Grösse abgebildeten Schmalseiten (1a und 1b) zu Theil. Beide zeigen nämlich innerhalb eines Rahmens von Emaillen und Edelsteinen die unzweideutigste Nachbildung eines orientalischen Teppichs, dessen Mitte mit einem kostbaren Medaillon geschmückt ist. Letzteres ist bei 1b im innern Theile erneuert, zeigt bei 1a eine Goldmünze mit dem Brustbilde des Kaisers Justinian und der Umschrift Dn. Justinianus Imp. in erhöhter, einer antiken Fibel ähnlichen Fassung.[11] Zur Verzierung der letztern dienen tafelförmig geschnittene Rubinen und als Unterlage des teppichartigen Hintergrundes dunkelrothes Glas, welches ähnlich und typisch an fast allem Prachtgeräth fränkischer Kunst vorkommt.[12] Netzförmig liegen in Goldblech ausgeschlagene und gravirte Figuren[13] einzelner und gegen einander gestellter Thiere

---

11. Die in Tournai in der Kirche St. Brice aufbewahrte Agraffe Chilperichs, welche sich in Cochet's Werk über das Grab dieses Königs abgebildet findet, wie auch ein in Wien bewahrtes Medaillon des Kaisers Maximianus Herculeus (Arneth, d. Antiken Gold- und Silber-Mon. d. k. k. antiken Cabinets in Wien. G. XV. 3, u. zum Vergleich XI. Nr. 127) zeigen beide eine ähnliche Verwendung eines Münzbildes, letzteres auch der rothen Glaseinfassung.

12. Analogien gewähren: das im Musée des Souverains zu Paris aufbewahrte Chilperichs-Schwert; die Vase und Schüssel von Gourdon im Cabinet des médailles, No. 2539 und 2540, vgl. 2711 (abgebildet bei Labarte, Les arts industrielles. Album I, pl. XIX—XXI); vor allem die Kronen von Guarrazar und das in deren Publication von Lasteyrie p. 28—31 Gesagte. Man vgl. auch Lindenschmit p. 44 der Vaterl. Alterthüm. der hohenzoll. Samml. zu Sigmaringen u. s. w.

13. Diese Metallgravuren erinnern vorbildlich an die Behandlung der Metallflächen bei den spätern Kupferemaillen (émail champlevé.)

(darunter auch die Zeichen der vier Evangelisten) in meist durch vertieft gelegte Perlenreihen abgetrennten Cassetten über der rothen Glasunterlage beider Schmalseiten.

Wenn schon die Verbindung von Gold mit Elfenbein, von Glas mit Emaille eigenthümlich erscheint, so trifft dies in noch höherem Masse das Nachahmen der Fibeln und Teppich-Muster. Letzteres tritt am auffälligsten in dem kleinen Altarstein, welcher geradezu als gewirkter Stoff (1 d)[14] erscheinen soll, zu Tage.

In Bezug auf die Technik ist der zuletzt erwähnte Altarstein insoweit noch ganz besonders zu beachten, als er aus verschiedenfarbigen Emaillekörpern in bestimmtem Muster ohne trennende Metallstege zusammengeschmolzen ist und dadurch eine eigene Gattung von Emaille veranschaulicht. Die übrigen Emaillen sind sorgfältig gearbeitetes Kastenschmelz, émail cloisonné, welches in der Berandung der Vorder- und Hinterseite (1) sogar zweimal bis zur Darstellung kleiner Thiere, eines Hasen in Goldgrund und eines goldnen Rehes in blauem Grunde, fortschreitet.[15] Von den übrigen Randverzierungen der Langseiten ist besonders auf jene aufmerksam zu machen, die aus einer mittleren Perle und vier roth emaillirten Blättern eine Art Blume gestalten, da diese ebenso an dem Echternacher Evangeliar sich vorfinden[16] und dadurch die Gemeinsamkeit der Werkstatt beider Kunstwerke bekunden. Das Filigran ist dünnfadig, zart, einfach in den Verschlingungen, sparsam, und die Fläche wenig füllend. Von den Edelsteinen erscheinen die einzeln abgebildeten als antike römische Intaglios, die meisten andern als Cabochons; einer, und zwar der in der Mitte der Schmalseite 1 c facettirt, und eine kleine Anzahl rother Steine in der Berandung in flachem, herzförmigem Schnitt. Die Fassungen sind durchgängig glatt, einige mit einem einfachen oder verschlungenen Filigranfaden umsäumt, und nur die des einzelnen blauen Steins auf dem Deckel. wie jene auf dem Abschluss des Fusses zeigen die reichere, aus kleinen durchbrochenen Bogenstellungen bestehende Formbildung, welche auch andern Monumenten der Zeit gemeinsam ist.[17]

---

14. Wir gewinnen aus dieser Thatsache, welche andre Denkm., besonders zwei Elfenbeinhörner in der k. Sammlung zu Hannover und im Besitz des Prinzen Carl von Preussen und ein Elfenbeinkasten bei Viollet le Duc, Dict. de mob. p. 77 (vergl. auch Springers Ikonogr. Studien im V. Jahrg. d. Mittheil. d. k. k. Centralcommission) unterstützen, die Wahrnehmung, dass der vorgeschrittenste Kunstzweig einer Zeit, als welchen wir in diesem Falle wol die orientalische Weberei erachten dürfen, massgebenden Einfluss auf die übrigen Kunstgebiete ausübt. Auch viele Emailleverzierungen dürften zurückzuführen sein auf ältere Stoffmuster und Miniaturen. So sehen wir z. B. die frühromanischen goldnen, mit Edelsteinen besetzten Processionalkreuze (Taf. XXIV u. XXXIX) vorbildlich in den Malereien der Katakomben und altchristl. Mosaiken (m. vergl. die Abbild. bei Aringhi u. Ciampini Mon. Taf XVII, XX, XXII, XXXII); das Prototyp jener emaillirten Säulen der Reliquienschreine, z. B. von Annoschrein Taf. XLIV, häufig in den trennenden Arkaden der Canones der Evangeliarien des 8.—12. Jahrb.

15. Als eine weitere, mir in ihrem Zwecke nicht klare Eigenthümlichkeit der Emaillen der vier Evangelistenbilder ist zu beachten, dass dieselben von einer auf der Goldfläche einpunktirten Linie umrandet sind.

16. Auf die gleiche Trierer Werkstatt deutet auch, dass entsprechend der auf unserm Tragaltar angebrachten Goldmünze, wie mir Hr. v. Quast mittheilt, im Echternacher Evangeliar zu Gotha Münzbilder als Verzierung in den Miniaturen vorkommen.

17. Aehnliche Fassungen der Essener Kreuze, des Stabes Petri u. s. w. sind p. 18 m. Schrift über letztern zusammengestellt.

11

2.

Gehäuse in gleicher Grösse des im Andreas-Tragaltar aufbewahrten hl. Nagels.[18] Dasselbe ist vierseitig, von Gold und mit Edelsteinen, Perlen und Emaillen bekleidet. Letztere sind Kastenschmelz (émail cloisonné), zeigen in dunkelgrünem cristallinischen Grunde geometrische Muster in weisser und blauer Farbe und wiederbolen sich in den gegenüberstehenden Seiten. Die glattgefassten, zum Theile mit einem geperlten Filigranfaden umlegten Steine erscheinen sämmtlich als Cabochons, mit Ausnahme der tafelförmig geschnittenen Rubine und des kleinen besonders abgebildeten viereckigen Camée mit der Darstellung eines Pferdchens. Die Oeffnung des Gehäuses geschieht durch Abheben des vermittelst eines Charniers mit der Hülse verbundenen Knaufes. — Schon in der Inschrift des Egbert-Tragaltars wird des heil. Nagels als in diesem befindlich gedacht, freilich ohne Erwähnung der besondern Umhüllung, welche auch etwas späterer Zeit anzugehören scheint. Beide Kunstwerke gelangten 1803 in Folge gewaltsamer Interpretation der Bestimmungen des Reichsdeputationshauptschlusses an den Herzog von Nassau und von diesem durch Schenkung an den Fürsten Metternich. Letzterer gab sie auf unermüdliche Reclamationen des Domkapitels in seinen letzten Lebensjahren der Domkirche zu Trier zurück.

Taf. LVI.
1, 1a.

Reliquienschrein gleicher Grösse von vergoldetem Silber, angeblich die Häupter der Kaiserin Helena und des Apostels Matthias[19] umfassend. Derselbe besteht im untern Theile aus einem rechteckigen Kasten, in oberer Deckelhälfte aus einer abgestumpften Pyramide, zeigt somit eine ungewöhnliche Form,[20] und ist in seiner Art einzig durch den Charakter und die Vollendung des Filigranschmuckes. Das sonst nur nebensächlich auftretende Filigran entfaltet sich hier nämlich selbständig als Hauptschmuck im ganzen Reichthum zierlicher und kühner Verschlingungen in den von vergoldeten Silberplatten hinterstellten Füllungen des bunzirten Rahmens oder Gerüstes des Schreins. Letztere erinnern in ihrem eigenthümlichen Stile zumeist an jene Bandverschlingungen irischer Miniaturen und fränkischer Schmucksachen,[21] deren Motive indess ebenso auf byzantinischen und maurischeñ wie noch in deut-

---

18. Der Nagel selbst ist abgebildet bei Brower I 583 u. neuerdings bei Kraus Abhandl. z. Gesch. u. Archäol. v. Trier. I. d. hl. Nagel. Trier bei Lintz 1868.

19. Die bezeichneten Schädel können nur zeitweise und wohl nicht anfänglich in diesem Schreine sich befunden haben, da Erzbischof Cuno von Falkenstein, der das Apostelhaupt von der Burg Covern erhielt (Rhein. Antiqu. II. 1, p. 220) dasselbe erst 1367 in silberner Fassung mit der Inschrift: Cuno archieps. Trevirensis me fecit sammt dem Haupt der h. Helena dem Dome zu Trier schenkte, (Richter, S. Castor in Coblenz, 3. Aufl. 1868 p. 86). Beide silbernen Reliquienhäupter erwähnen auch Enen, p. 39 u. Walrand, p. 87.

20. Die Versehbüchse im Dom zu Chur (Mitth. d. Zürich. Ges. Bd. 11), der Willibrordschrein (Taf. II 9 u. III) zu Emmerich und ein kleines romanische Reliquiarium von Goldblech im Domschatz zu Mastricht zeigen eine ähnliche Form.

21. Keller im 3. Heft d. VII B. der Zürich. Mitth. — Waagen im Kunstblatt 1850, No. 11 Caumont, Abécédaire II. p. 60 4. Aufl. u. s. w.

schen Monumenten des 12. Jahrhunderts vorkommen.[22] Diesem späteren Charakter entsprechen auch die hunzirten mit Thierfiguren gemischten Ornamente der Bodenfläche (1a).[23] Füsse, Henkel und der von einem Löwen gekrönte Verschlussstift sind gegossenes, vergoldetes Silber.

2.

Kleiner Reliquienschrein der h. Anna in gleicher Grösse, von vergoldetem Kupfer, getriebener Arbeit und mit grünen Edelsteinen oder Glasflüssen verziert. Der von vier Leviten getragene, frühgothische Schrein besteht im mittlern Theile der Bedachung aus Glas oder Crystall[24], Zwecks Sichtbarmachung der Reliquie.

3 und 4.

Bischofsstäbe in gleicher Grösse von vergoldetem Kupfer. Die verzierenden Ornamente befinden sich zum Theil in einem Grunde von blauer Emaille (émail champlevé), auch sind kleine Edelsteine auf den Rücken der am Stabe bei 3 sichtbaren Eidechsen, der Krone und Gewandung des über dem Knauf bei 4 erscheinenden Engels angebracht. Beide Stäbe entstammen den im Dom zu Trier befindlichen Gräbern der Erzbischöfe Egilhert († 1101) und Bruno († 1124).[25]

5.

Spätgothische, zierliche, 13′ hohe Laterne von Sandstein, mit den bekrönenden Statuetten der Muttergottes, der beiden Apostelfürsten und der Kaiserin Helena, im Kreuzgang des Domes zu Trier, zur Seite einer auf einer Console stehenden Bildsäule der Mutter Gottes mit dem Kinde. An der Console der Letztern wie unterhalb der Laterne befinden sich die Wappen des Donators, als welchen wir den Domherrn Heinrich von Malberg († gegen 1400) anzusehn haben.[26]

6.

Das Marktkreuz. Dieses aus einem Granitschafte, gemeisseltem Kalkstein-Capitell und darauf errichtetem Kreuz bestehende ungefähr 14′ hohe Denkmal stand früher angeblich an gleicher Stelle des Marktes auf fünf Stufen.[27] Das Kreuz vergegenwärtigt auf der Vorderseite, von Blattornamenten umgehen, das Lamm Gottes, auf der Rückseite und dem oberen Kapitellrande folgende Inschrift: Ob memoriam signorum crucis, quae celitus super homines venerant, anno dominicae incarnationis DCCCCLVIII, anno vero episcopatus sui secundo Henricus Archiepiscopus Trevirensis me erexit. Unten steht: renovatum 1724. Die Seitenfläche des rechten Querarmes des Kreuzes zeigt die später hinzugefügte, früher angeblich auf rothem

22. Revue archéol. I, livr. III, table II. Verwandte Verzierungen zeigt auch die Ornamentik des Kaiserpallastes zu Gelnhausen bei Förster, Denkm. I.

23. Die Wiedergabe der Bodenfläche ist nach einer von Herrn Domcapitular v. Wilmowsky uns gütigst mitgetheilten Zeichnung geschehen.

24. Ein ähnlicher Schrein im Mus. Cluny in Paris, abgeb. b. Viollet le Duc: Dictionn. d. mobil. fr. p. 226 und Didron, An. archéol. 1859, p. 19; ein dritter befindet sich in St. Cunibert zu Cöln, vgl. Bock, h. Cöln.

25. Gleichzeitig veröffentlicht in Chr. Schmidt's Kirchenmöbeln, Taf. 34.

26. Nach der gef. Bestimmung des Herrn Archivrathes Eltester in Coblenz. Eine ähnliche Laterne befindet sich auf dem Kirchhof zu Bingen.

27. v. Haupt: Panorama v. Trier. 2. Aufl. 1834, p. 43.

Grunde vergoldete Gestalt des Apostels Petrus mit dem Schlüssel in der Rechten.[28] Das Kreuz ist in flacherem, das Capitell in tieferem Relief gearbeitet. Der Sage, dass unter der Regierung des Erzbischofs Heinrich I. (956—967) Kreuze vom Himmel gefallen, entsprechen vielfache Analogien.[29]

Taf. LVII.

1.

Flügelaltärchen des h. Andreas von vergoldetem Kupfer. Höhe 1¼'. Die äussern Flächen sind glatt; der mittlere Innenraum seines ursprünglichen Schmuckes beraubt, enthält nunmehr eine dem 17. Jahrh. angehörende sitzende Relief-Figur des h. Andreas von vergoldetem Kupfer;[30] die innern Flügel veranschaulichen auf 6 umrahmten, vergoldeten und emaillirten Tafeln die Legende des h. Andreas.[31] Dieselbe beginnt auf dem linken Flügel vom Beschauer oben:

1) Andreas, mit seinem Namen bezeichnet, umarmt in Gegenwart links erscheinender Personen das Kreuz Christi. Die umstrahlte Hand Gottes weist vom Himmel auf ihn, und ein Spruchband sagt dazu:

Suscipe electa crux humilē (m) p̄p̄t (propter) d̄n (dominum).

2) Andreas, nimbirt, erscheint vor dem auf einem Throne sitzenden Proconsul Aegeas, welcher ihn kreuzigen liess. Beide sind mit ihren Namen bezeichnet. Ihr Zwiegespräch verkünden zwei Schriftbänder:

Egeas: Tu es Andreas, qui de(s)truis t. (templa) d. (deorum).

Andreas: Ego sū (m) qui pdico (praedico) v̄b (verbum)veritatis.

3) Andreas heilt durch Handberührung den h. Mathaeus von der Blindheit. Beide Heilige sind benannt und nimbirt, die umstrahlte Hand Gottes zeigt auf Mathaeus herab. Das dem Andreas beigegebene Schriftband sagt:

Ap(e)ri d̄ne (domine) oculos servi tui.

4) Andreas, nimbirt, sitzt in einem Tempel und predigt den Gläubigen. Er ist mit seinem Namen, letztere als Fideles bezeichnet: Das Spruchband des Apostels lautet:

Ortor (Hortor) vos F̄ (fratres) ut f̄id (fidem) v. (vestram), quam s̄up. (super) f̄udam̄ta (fundamenta) X̟ (Christi) posuistis c̄re (eruce) f. (fixi.)

5) Andreä Kreuzigung. Andreas erscheint nimbirt, lebend, an Händen und Füssen genagelt und gebunden. Zwei Kriegsknechte, durch das Wort Carnifices bezeichnet, ziehen die Stricke an und Strahlen umleuchten das Kreuz, über welchem die Worte: Passio S̄ci Andreae stehen.

---

28. Kyriander, Annal. Trev. p. 64 der Bip. Ausg. v. 1603. Brower 1 462. Gest. trev. etc. Houtheim Prodromus p. 934, nach welchen Erzbischof Heinrich auch den Marktplatz an gleicher Stelle errichtete. Die Renovation v. 1724 bezieht sich wol nur auf eine neue Aufrichtung mit Hinweglassung der frühern 5 Stufen.

29. Man vergl. die Darstellung auf dem Grabschrein Carl d. Gr. Taf. 37 p. 118. Anmerk. 222; ferner die Jahrb. v. Hildesheim ad ann. 958 u. s. w.

30. Wir haben diese dem Zeitcharakter des Reliquiars nicht entsprechende Apostelfigur weggelassen und durch Raummangel veranlasst das kleine bei 2 zu besprechende emaillirte Kreuz dorthin gestellt.

31. Vergl. Surius Vit. Sanct. 30. Nov.

6) Zwei von der umstrahlten Hand Gottes geleitete Engel zeigen oder öffnen gleichsam die mit der Aufschrift Porta celi (coeli) bezeichnete Thüre eines thurmähnlichen Gebäudes.[32]

Die Emaille ist die deutsche Kupferemaille (émail champlevé). Nicht emaillirt, sondern vergoldet sind die Hintergründe; emaillirt nur die Figuren: Andreas erscheint stets mit blauem, weiss auslaufendem Nimbus, das Kreuz grün; die Himmelsstrahlen haben grüne, weisse und rothe Farbe, ebenso die Engelflügel; die Gewänder wechseln in Grün und Blau.

Das getriebene Ornament der innern Berandung

des Mittelbildes deutet die Formbildungen des 12. Jahrhunderts an.

2.

Kleines 9" hohes Crucifix von vergoldetem und emaillirtem Kupfer (émail champlevé) im Dom zu Trier. Dasselbe gehört ursprünglich nicht zu dem Andreasaltärchen, in dessen Mitte es der Raumersparniss halber gesetzt wurde. In dunkelblau emaillirtem mit bunten Rosetten verziertem Grunde erscheint die vergoldete Reliefgestalt des ältlich gebildeten bereits gestorbenen Erlösers am grünen Kreuzesstamm mit vier Nägeln angeheftet. Ueber dem Haupte des Heilandes sieht man die segnende Hand Gottes.[33] 12. Jahrhundert.

3.

Deckel eines Evangeliars der Dombibliothek (F. 139) in ⅔ der Originalgrösse, Vermächtniss des Grafen von Kesselstatt, Domdechanten von Paderborn. Durch ein breites umrandendes Schmuckband und ein diesem entsprechendes in der Mitte aufgelegtes Kreuz wird die Deckelfläche in vier Felder getheilt. Letztere enthalten die aus Kupfer getriebenen, stark vergoldeten Symbole der Evangelisten in scharfer stilvoller Arbeit byzantinischer Vorbilder[34] vom Anfang des 11. Jahrhunderts. Die Mitte des Kreuzes nimmt ein nunmehr leeres Medaillon ein, das ehemals entweder von einem geschnittenen Edelsteine, einem Emaillebilde oder einem durchsichtigen Bergcrystall, der eine Reliquie überdeckte, gefüllt wurde. Dasselbe ist von 7 dreieckigen Emaillen umstellt, die wie die vielen — meist verlornen — Edelsteine, Perlen, Perlmuttermuscheln und Emaillen des Kreuzes und Randes in einem dichten Netze schöngeschwungenen Filigrans ruhen. Die ausser den erwähnten Dreiecken noch vorhandenen Emaillen, vier senkrecht gestellte Leistchen im Rande rechts und links und zwei ähnliche (von ehemals vier) im Kreuze gegen das Medaillon gestellte, zeigen in rother, grüner, blauer und weisser Farbe einfache Ornamente im Charakter vom

---

32. Viele Buchstaben der Inschriften sind zusammengezogen, z. B. Qui wird als Q mit darauf gesetztem i ausgedrückt u. s. w.

33. Wie auf dem Lotharkreuz Taf. XXXVII. 3. u. dem zu Pfalzel T. LIV. 11.

34. Auf solche deuten die sechsfache Beflügelung der Evangelistensymbole u. die durch ein Tuch überdeckten Hände des Mathäus-Engels. Einen ähnlichen Buchdeckel giebt Caumont, Abécédaire II p. 291.

Ende des 10. Jahrhunderts,[35] sind in Gold ausgeführtes Kastenschmelz, und dürften älter
als die übrige Arbeit sein.

4.

Deckel eines Evangeliars der Dombibliothek[36] aus dem gleichen Vermächtniss, beinahe
13″ hoch. Die Mitte schmücken auf einer vergoldeten Kupferplatte die Figuren des Gekreuzigten mit Maria und Johannes in Elfenbein: Der Heiland steht lebend, jugendlich, wenig
bärtig ohne Kreuz[37] mit durchbohrten Händen, aber undurchbohrten Füssen auf einem Fussbrett; Maria und Johannes erscheinen ohne leidenschaftlichen Affect in der enganschliessenden
berandeten byzantinischen Gewandung des 10. Jahrh. Gegenüber dieser byzantinischen Arbeit der Mitte begegnen uns im Rande acht echt deutsche Bildchen in der Kupferemaille
(émail champlevé) vom Ende des 12. Jahrh.; sie stellen abwechselnd auf blauem und grünem
Hintergrunde in vergoldeten, gravirten und in den Gravuren röthlich eingeriebenen Figuren
in den Ecken die Symbole der 4 Evangelisten, oben Moses mit den Gesetztafeln, unten
Abraham mit dem Schwerte, seitlich zwei nicht bezeichnete h. Personen, alle mit unbeschriebenen Schriftbändern in den Händen dar. Zwischen diesen Emaillen füllen die übrige
Randfläche auf vergoldetem Untergrunde zierliche Filigrannetze mit Edelsteinen, unter denen
sich acht blauweisse geschnittene Onyxe befinden, die wir ihrer unbehülflichen Arbeit halber
für mittelalterlich erachten.

5.

Deckel eines Evangeliars der Dombibliothek, gleichfalls dem Kesselstatt'schen Vermächtniss entstammend, 14″ hoch. Die Mitte schmückt eine Platte deutscher Kupferemaille, welche
in gravirten und in den Gravuren röthlich eingeriebenen Figuren auf blauem Hintergrunde
vier biblische Darstellungen vergegenwärtigt, nämlich: 1) in der Mitte die Kreuzigung: Christus
mit offenen Augen, bärtig mit undurchbohrten Gliedmassen, umstellt von Maria, Johannes
und den symbolischen Gestalten der Ecclesia und Synagoge, darüber die verhüllten Halbfiguren von Sonne und Mond und die Inschrift: Ista. Flet. hec surḡ.(it) oh.(it) hic cad. (it)
hec dolet iste; 2) oben Magdalene begegnet dem Auferstandenen; 3) unten die drei Marien am
Grabe mit der Unterschrift: Angelus exilarat dni. quos mors crucisrat. Die Randfläche von
vergoldetem Silber ist mit dünnen Filigranfäden belegt, in welchen bunte als Cabochons geschliffene Edelsteine und acht kleine Elfenbeinreliefs eingesetzt sind. Letztere zeigen in den
Ecken die Symbole der vier Evangelisten, links eine männliche Figur mit Schild und Fahne,
rechts eine weibliche mit dem Schwerte, oben das Brustbild einer weiblichen Heiligen, unten
einen nimbirten Bischof. Letzterer dürfte wol S. Godebard sein sollen, da zu Anfang
des Evangeliums steht: Liber sancti Godehardi in Hildensem collatus a Friderico primo
abb'te.[38] Da indessen die ziemlich rohe Arbeit und der Charakter der einheimischen Emaille —

35. Ganz ähnlich sind die kleinen Rosetten auf der innern Lade des Siegeskreuzes Constantin VII (vergl. m. Werk darüber Taf. II) und dem Egbertschrein Taf. LV. 1.
36. Kugler kl. Schr. II p. 343 Nr. 8. Waagen, Handbuch d. Mal. I p. 11.
37. Ob dasselbe früher vorhanden war, lässt sich nicht feststellen.
38. Kugler kl. Schr. II p. 342. Leider habe ich diese Evangelienbücher nur ein Mal sehr
flüchtig sehen können.

die Elfenbeine sind verhältnissmässig besser gearbeitet — eine Datirung vor dem Ende des 12. Jahrh. nicht zulassen, kann die angeführte Inschrift oder der Buchdeckel nur als eine nachträgliche Hinzufügung der Handschrift angesehn werden.

6.

Relief von Silber, 10¼" hoch, 18" breit, aus dem im Dom zu Trier befindlichen Grabe des Erzbischofs Heinrich von Finstingen (1261—86),[39] darstellend den Baum des Lebens und des Todes. Um den nur im obern Theile sichtbaren Stamm windet sich die Schlange, und richtet ihren nunmehr abgebrochenen Kopf zum Aste rechts vom Beschauer. Dieser Ast zeigt welke Blätter und an Stelle der Früchte Todtenköpfe, während der gegenüberstehende inmitten frischeren Laubwerks schlummernde geflügelte Engelköpfe beherbergt.

7. 7a.

Rauchfass von Silber aus dem Dom zu Trier. Höhe: 8". 12. Jahrhundert.[40]

8. 8a.

Rauchfass von vergoldetem, gegossenem Kupfer, 8" hoch, ehemals in der Kirche zu Buchholz in der Eifel, jetzt im Dome zu Trier.[41] Deutsche Arbeit vom Ende des 12. Jahrhunderts. Das im Grundriss eines gleicharmigen Kreuzes angelegte, im Aufbau tempelförmige Gefäss wird unten in à jour durchbrochenem Laubwerk von vier unbekleideten männlichen Gestalten emporgetragen. Darüber erscheinen in den Winkeln der 4 Kreuzbalken als Halbfiguren: Aaron mit dem Rauchfass, Moses mit dem Stabe, Isaak und Jeremias Bücher tragend. Auf den Dächern der vier Kreuzarme erscheinen Abel mit dem Lamme, Melchisedek mit Brod und Kelch, Abraham Isaak opfernd und Isaak Jacob segnend. Auf der Höhe zwischen den vier Thürmen thront endlich auf einem von 14 Löwen umgebenen Throne Salomon (I. Buch der Könige C. 10 V. 18—20). Dieser Symbolik entsprechen folgende das ganze Gefäss umlaufende 3 Schriftbänder:

Salomon . Curat . Regnum . Terrestre . Figurat.

Vivificum . Verum . Regem . Per . Secula . Rerum.

Ordo . Quem . Vatum . Circumdat . Vaticinantum.

Christum ꞏ Venturum . Carnisque . Necem . Subiturum.

Conspicit . E . Celis . Rex . Summus . Munus . Abelis.

Melchisedeck . Isto . Similatur. Munere . Christo.

Ne . Perimas . Abraham . Quem . Sic . Deducis . Ad . Aram.

Decipit . Ecce . Patrem . Supplantans . Denuo . Fratrem.

Tus . Aaron . Fumat . Quod . Lucida . Facta . Figurat.

Virgo . Docet . Moïsi . Sit . Mens . Discreta . Magistri.

---

39. Didron, Annal. archéol. vol. XII p. 168 u. Roisin, la cathédrale de Trèves 1861 p. 101.
40. Caumont, Abécédaire II p. 289 (4. Aufl.) Didron XIX p. 110. Schmidt, Kirchenmöbel.
41. Müller Bischof v. Münster in Caumonts Bulletin monumental t. XIII p. 196. Vergl. Schmidt, Kirchenmöbel, wo ausführlichere Zeichnungen der Details.

Collem . Direxit . Messie . Vox . Isaie.

Gentes . Hebraicas . Puer . Instruxit . Jeremias.

Der Kettenhalter (2 a) trägt in vier Medaillons auf seiner obern Fläche die Halbfiguren der Evangelisten mit folgenden Umschriften:

Petrus . Cum . Paulo . Tradit . Nova . Docmata . Mundo.

Cum Jacobo . Paria . Promit . Quibus . Apocalista.

In der Inschrift, welche den Fuss umrandet, scheint auch der Künstler selbst sich genannt zu haben, sie lautet:

† Hec . Tu . Quiso . Videns . Gozbertus . sit . Pete . Vivens.[42]

9.

Zwei Compartimente steinerner, mit den Bildern der Apostel geschmückter, ungefähr 4' hoher Schranken zur Verdeckung und Brüstung eines Ganges hinter dem Chor-Altar im linken Seitenschiff des Domes zu Trier. 12. Jahrhundert.

Taf. LVIII.

Elfenbeinrelief gleicher Grösse in $\frac{3}{4}$ rund geschnittenen Figuren, welches sich vordem im Dome zu Trier, dann in der Sammlung des Grafen Renesse zu Coblenz befand, aus letzterer in den Besitz des Staatsraths v. Reichel in Petersburg gelangte und 1845 für den Domschatz zu Trier zurückerworben wurde. — Das Relief zeigt in seiner Berandung einen ursprünglichen Falz zur Befestigung in eine Hinterwand und dürfte die Vorderseite eines Kastens geschmückt haben, in welchem diejenigen Reliquien sich befanden, deren Herbeiführung die Darstellung veranschaulicht. Diese zeigt nämlich die Ueberbringung eines Reliquienschreins in eine Kirche durch zwei auf einer Biga in feierlicher Procession heranfahrende Bischöfe. An der Spitze des Zuges befinden sich ein Kaiser mit einer Anzahl Consuln oder Senatoren, welche Urkunden tragen; sie werden vor der Kirche von einer weiblichen gekrönten Figur empfangen, die eine dieser Urkunden aus den Händen des Kaisers entgegen zu nehmen scheint und sich durch das im linken Arme gehaltene Kreuz als die Kaiserin Helena charakterisirt. Das palastartige Gebäude des Hintergrundes ist mit Zuschauern gefüllt, oben mit drei Reihen hintereinander, von denen die aus den Fenstern schauende vorderste gleichmässig die linke Hand ans Haupt lehnt, in der rechten Hand Weihrauchfässer hält. Eine nähere Bestimmung der Lokalität[43] und der hier verherrlichten Re-

---

42. Wir haben die Abkürzungen aufgelöst, indess die Orthographie in ihrer Eigenthümlichkeit belassen.

43. Localitäten werden in Bildwerken des Mittelalters anstatt in getreuer Wiedergabe meist in freien Andeutungen vorgeführt, wie z. B. der Dom zu Cöln auf dem romanischen Emaillebilde auf Taf. XLIV. 1, die Städte Pampelona Taf. XXXVII. 1. auf dem Schrein Carl's d. Gr. zu Aachen, u. Jerusalem im gothischen Altare zu Clausen Taf. LIV. 10., weshalb die hervorragende Bedeutung und bestimmtere Charakterisirung der Architectur und ihre allgemeine Aehnlichkeit mit der Porta nigra bisher Trier als Ort des Vorganges selbstverständlich erscheinen liess. Eine besonnene Kritik wird aber von allen in der Luft schwebenden Ortsbestimmungen absehen und sich damit begnügen müssen, hier im Allgemeinen Palast und Kirche zu erkennen.

liquien[44] aus dem Denkmal herzuleiten, erscheint unzulässig. Auch diejenige seines Alters unterliegt Schwierigkeiten.

Der dem römischen Carpentum entsprechende, mit einem Relief dreier Gestalten geschmückte Wagen, der Stil des Palastes, die den römischen ähnlichen Dachziegel der Kirche, die Costüme im Allgemeinen und im Besondern das des voranschreitenden Kaisers, bestehend aus einer kurzen über dem rechten Knie und auf dem rechten Oberarm besternten Tunica, dem von einer reichen Spange gehaltenen Schultermantel und dem Stirnreif[45] befürworten einen Schluss auf das 6. und 7. Jahrhundert. Stellt man aber diesen Momenten gegenüber die steilen mit Zahnschnitten verzierten und mit Kreuzen bekrönten Giebel der Kirche, die Fenster in der Abside derselben, die verloren gegangene Tradition kunstgerechter Thierbildung, wie solche aus den unbehülflichen Pferden hervorgeht[46], das dem 11. Jahrh. entsprechende Costüm der Helena,[47] das Vorkommen der Weihrauchfässer, die dem 9. Jahrh. entsprechende Gestalt der Pallien der beiden Bischöfe,[48] und endlich den alten bärtigen mit Kreuznimbus versehenen Christuskopf in der Portal-Lunette des Palastes, so verlangen diese eine Datirung frühestens in den Anfang des 11. Jahrhunderts.

2.

Elfenbeinrelief gleicher Grösse, angeblich aus S. Maximin, jetzt in der Sammlung der Stadtbibliothek, den Einzug eines zu Pferde sitzenden, segnenden Heiligen, gefolgt von

---

44. Der einsichtige Sotzmann hat — wahrscheinlich durch den Anklang des Gebäudes an die Porta-nigra, die Erscheinung der Kaiserin Helena, und eine ihm mitgetheilte Tradition bestimmt — in der mir nicht zugänglichen Leipz. Allgem. Zeit. v. 29. August 1844 die Darstellung als: „Einführung der Trier'schen Heiligthümer in die Stadt und ihren Empfang durch die Kaiserin Helena" bezeichnet. Obgleich nun der Künstler durch keine Andeutung errathen lässt, welche Reliquien in dem unbezeichneten Kasten gedacht werden sollen, haben dennoch von der Hagen (der ungenähte graue Rock Christi. Berlin 1844), Laven (die kirchl. Tradition v. h. Rock. Trier 1845. 2. Aufl. p. 102 ff.), Clemens (der h. Rock zu Trier u. die protest. Critik. Coblenz 1845, p. 85 ff.) und Marx (im Freiburger Kirchenlexikon B. IX, S. 333), Sotzmann ohne alles Bedenken folgend, die Einführung des h. Rockes in die Trierer Domkirche in unserm Bildwerk verherrlicht gefunden, wogegen mit Recht Sybel u. Gildemeister (im 3. Hefte der Advokaten des Trierer Rockes, Düsseldorf 1845, S. 45 ff.) Verwahrung einlegen. Marx nennt die der Kaiserin übergebenen Urkunden irrig Täfelchen, Sotzmann Kerzen.

45. Kronreif, Schultermantel und Fibel entsprechen genau denselben Gegenständen im Costüm Kaiser Justinians auf dem Mosaïk von S. Vitale in Ravenna bei Ciampini, Mon. vet. II Taf. XXII u. Weiss, Costümkunde p. 89.

46. Einen Beleg, dass beispielsweise im 6. Jahrh. die Tradition der charakteristischen Thierbildung noch lebendig war, zeigte der Esel beim Palmsonntagsritt auf dem Sarkofag des Junius Bassus in den vatic. Grotten (Atlas zu Kuglers Kunstgesch. Taf. 36. 8).

47. Sie erscheint gleich der Kaiserin Eudoxia auf dem bekannten Elfenbein des 11. Jahrh. d. k. Bibl. zu Paris im reichverzierten Paludamentum der Männer (Weiss, Costümkunde p. 96) u. mit einer Krone, in der Form derjenigen bei Weiss, Fig. 49 c.; letztere erinnert im Perlenbehang an die Bilder der Kaiserin Theodora auf dem citirten Mosaïk des VI. Jahrh. zu Ravenna (Weiss Fig. 47 a), der Kaiser in den Mosaïken der Markuskirche zu Venedig vom Ende des 11. Jahrh. u. an die Perlenschnüre der ungarischen Krone (Weiss, Fig. 48 u. 50).

48. Die charakteristischen kleinen Kreuze fehlen hier den Pallien.

einem berittenen Bogenschützen und sechs Fusssoldaten, darstellend. Costüm und Arbeit des rechts anscheinend verkürzten Reliefs weisen in das frühe Mittelalter zurück.[49]

3.

Elfenbeinplatte gleicher Grösse vom Deckel eines griechischen Lectionariums der Dombibliothek. Dieselbe vergegenwärtigt oben die Darstellung im Tempel, unten die Taufe Christi, bei welcher zu bemerken ist, dass der Jordan durch zwei in den untern Ecken befindliche Gestalten personificirt wird, von denen Jede eine Urne hält, welcher das Wasser entströmt. Die Arbeit, scharf und roh, zeigt den deutschen Stil der ersten Hälfte des XI. Jahrh. und wird von nachstehenden Hexametern umrandet:

In templu (m) dns (dominus) Symeonis fertur ab ulnis
Abstersit xpi (Christi) baptismū crimina mundi.

4.

Elfenbeinplatte gleicher Grösse aus zwei Stücken bestehend, vom Deckel eines Evangelistariums der Dombibliothek aus dem Kesselstatt'schen Vermächtniss, darstellend die Verkündigung. XII. Jahrh.[50]

5.

Elfenbein-Diptychon gleicher Grösse im Besitze des Klosters der „Welschen Nonnen" zu Trier. Die acht Darstellungen beginnen unten links mit Judas' Verrath, und Christus vor Pilatus; darüber befinden sich Geisselung und Kreuztragung. Nebenan auf der rechten Tafel Kreuzigung und die Marien am Grabe; darunter die Begegnung des Auferstandenen mit Maria Magdalena und die Erlösung der Altväter aus dem Fegfeuer. Vortreffliche frühgothische Arbeit.

6.

Elfenbeinplatte gleicher Grösse aus dem Kesselstatt'schen Nachlass in der Sammlung der Stadtbibliothek. Christus, alt und bärtig, in den Händen zwei Schlüssel und ein Schriftband mit den Worten: Sta. Trev(eris) haltend, schwebt vom Himmel, den seitlich des Hauptes zwei Wolkenzipfel andeuten, auf den Kuppelthurm einer gleichsam aus der Thaltiefe emporragenden Kirche herab, erharrt von zwei auf Bergeshöhe stehenden Männern, die in byzantinischer Weise mit überdeckten Händen bereit sind, Schlüssel und Schriftband zu empfangen. Nach Analogien von Münzen und Siegeln[51] kann es nicht zweifelhaft sein, dass wir hier

---

49. Laven, die kirchl. Tradition v. h. Rock p. 108.

50. Kugler, kl. Schr. II p. 344 führt noch einen aus Kupfer getriebenen, vergoldeten, spätbyzantinischen Buchdeckel vom Anfang des XIII. Jahrh. auf einem Evangel. der Dombibliothek an, welcher oben Christus mit Petrus und Paulus überschwebt von der Taube des h. Geistes, unten Maria mit dem Kinde in Halbfiguren und die Symbole der 4 Evangelisten darstellt. Es ist mir nicht möglich gewesen, diesen Buchdeckel ungeachtet der grössten Anstrengungen zu Gesicht zu bekommen.

51. Dr. Ladner in den Jahresber. v. 1852 p. 13 u. 1853 p. 37 d. Ges. f. nützl. Forsch. Auch dort sieht man wie hier, Trier durch ein thurmähnliches Gebäude auf einer Münze Poppo's personificirt. Aehnlich zeigt dies ein Siegel v. 1283. Vgl. auch Taf. LXII. 3. — Die Bibliothek bewahrt in Elfenbein noch eine kleine romanische Kreuzigung des XII. Jahrh. u. einige nicht belangreiche kleine Reliefs spätgoth. Zeit.

den Heiland dargestellt sehen sollen, wie er dem h. Eucharius und einem seiner Mitgenossen oder Schüler die Gewalt über Trier durch Darreichung der von dem Schriftband bezeichneten Schlüssel übergiebt. Der Hintergrund des auf dem Thurmrande mit der wol später eingekratzten Zahl 1200 versehenen dem XI. Jahrhundert angehörigen Reliefs ist ausgeschnitten. Einheimische Arbeit.

7.

Elfenbein-Diptychon gleicher Grösse im Besitze des Klosters der „Welschen Nonnen" zu Trier. Unten links begegnen wir der Geburt des Heilandes insammt der Verehrung der Hirten und daneben der Anbetung der h. 3 Könige, oben der Kreuzigung und der Verehrung des sitzenden Auferstandenen, der seine Wundmale zeiget und als Beschützer einer Stadt seine Füsse auf einen Mauerring stellt, durch die Donatoren des Bildwerks: einen kreuztragenden knieenden Geistlichen und eine gekrönte Nonne. Gute Arbeit des XIV. Jahrhunderts.

8.

Altarleuchter gleicher Grösse von ehemals vergoldetem und emaillirten Kupfer im Dom zu Trier.

9.

Einer von zwei silbernen Altarleuchtern gleicher Grösse des XII. Jahrb. im Dom zu Trier. Unterwärts des Lichttellers tragen beide Leuchter die Inschrift:

Arte metallina fiunt candelabra bina

De vase cruore sacrato martyre translato.[52]

und bekunden somit den eigenthümlichen Fall der Verarbeitung eines Reliquiars zu anderem Zwecke.

Taf. LIX.
1 u. 2.

Westportal der Liebfrauenkirche zu Trier. In den Blenden des untern Portalbogens befinden sich von den 6 ursprünglichen lebensgrossen Statuen noch 3 an Ort und Stelle, nämlich zu äusserst rechts mit verbundenen Augen, herabfallender Krone und umgekehrten Gesetztafeln die Synagoge, links gekrönt und im langen Mantel die Ecclesia, und rechts noch eine männliche Gestalt, die man für einen der wahrscheinlich alle vier hier dargestellt gewesenen Evangelisten, nämlich für Johannes ausgiebt.[53] Die Lunette schmückt in der Mitte: die thronende und gekrönte Muttergottes mit dem Kinde, unter deren Füssen sich der Drache krümmt und die in der rechten Hand zur Parallele des links sitzenden Kindes den Apfel des Sündenfalls emporhält, rechts davon die verehrenden Könige und die Verkündigung der Hirten, links Maria dem Simeon das Kind darreichend und dahinter Joseph in einem Korbe die Opfertauben bringend und zuletzt in der Ecke zur Vergegenwärtigung des

---

52. Der Buchstabe e kommt in runder u. viereckiger, ebenso a in zwiefacher Form vor. Beide Leuchter veröffentlichte indess auch Schmidt in s. Kirchenmöbeln Taf. 29.

53. Eine viel spätere Figur des h. Laurentius haben wir natürlich weggelassen.

Kindermordes, zwei Kriegsknechte, welche einer Mutter ihr Kind entreissen. Von den Hohl-
kehlen des Bogens sind 5 mit Figuren verziert und zwar die e r s t e von innen durch 10
verehrende, Kronen und Rauchfässer tragende, stehende Engel; die z w e i t e von 10 mit
der rechten Hand segnenden und in der linken Hirtenstäbe haltenden stehenden Bischöfen,
die d r i t t e von 10 sitzenden, durch ihre Bücher und Mützen gekennzeichneten Propheten
oder Kirchenlehrer; die v i e r t e in der Mitte mit einem durch ein Schriftband etwas verkün-
denden Engel und seitlich je 4 sitzenden Seligen, welche die Krone des Himmels tragen
und auf musikalischen Instrumenten das Lob Gottes erschallen lassen; die f ü n f t e endlich
mit den klugen und thörichten Jungfrauen mit aufgerichteten und gesenkten Lampen; den
erstern gab der Künstler durch Kopftuch und Mantel Würde und Ernst, den letztern durch
Hinweglassung dieser Bekleidung leichteres Wesen. — Hoch über dem Portal im Giebel der
Westseite der Kirche erscheint die überlebensgrosse Kreuzigung: Christus todt, alt, bärtig, gekrönt,
mit übereinandergeschlagenen Füssen, ohne Nägel und Kreuztitel, umstanden von Maria und
Johannes. T i e f e r zu beiden Seiten in symbolischem Zusammenhange erblicken wir dann
in lebensgrossen einzelnen Figuren unter Baldachinen: Noah mit langem Bart und wegen seines
Alters auf einen Stab gestützt, er hält in der Rechten den Rest einer Taube u. steht vor einem mit
Thieren belegten Opferaltar; gegenüber Abraham, Isaak mit gebundenen Händen zum Opfer führend,
und vor ihm aufwärts mit einem Spruchband der Engel; ferner 4 männliche Gestalten, die
man nach den Mützen von dreien für Propheten halten darf, und schliesslich zu oberst die
Verkündigung. — Wenngleich in der ganzen Anordnung, der Stellung und Gewandung der
Figuren noch die Herrschaft des ältern Stils sich bekundet, so bricht doch im Ausdruck
innern Lebens wie es die Anmuth der Verkündigung bezeugt, in der schon bezeichneten
so treffenden Charakterisirung der klugen und thörichten Jungfrauen, ein neues frisches
selbstiges Dasein hervor und gibt den Sculpturen der Liebfrauenkirche am Ausgangspunkte
des germanischen Stils eine grosse Bedeutung. Zeit 1240. Reste von Vergoldung und
Bemalung sind erkennbar.

3.

Vermauertes Portal aus dem südlichen Domschiff zum Paradies der Liebfrauenkirche. Dasselbe charakterisirt sich durch die Eckblätter der Basen als der Mitte des XII. Jahrhunderts
angehörig, ist somit weit älter als die jetzige dem XIII. Jahrh. entstammende Liebfrauenkirche und dürfte zu deren älterm Bau geführt haben.[54] Im Bogenfelde befinden sich die
Statuen des thronenden, segnenden bärtigen Heilandes, Maria's als Patronin der Liebfrauenkirche und S. Peters als Patron des Doms.[55] Höhe 9' 7" 6'''.

4. 4 a.

Zwei Thürhalter von Bronze des südwestlichen Domportals in Form von Löwenköpfen,
mit beweglichen Ringen im Rachen, welche letztere indess jetzt verschwunden sind. Sie

---

54. vgl. p. 77 Anm. 42.
55. Architektonische Details bei Schmidt II. Lief. Taf. 6.

tragen die Inschriften: Magister Nicolaus et Magister Johannes[56] de Bincio nos fecerunt. — Quod fore cera dedit, tulit ignis et es tibi regdit. (reddit). Die Grösse beträgt 11¼" im Durchmesser.

4 b.

Einer von zwei bronzenen Thürhaltern des nordwestlichen Domportales. Durchmesser 10¼".

Taf. LX.

1.

Bogenfeld des in der Sacristei befindlichen Nordportals der Liebfrauenkirche, die Krönung Mariä darstellend. Der in der Mitte stehenden Jungfrau, welche mit der Linken in jungfräulicher Bescheidenheit gleichsam abwehrt, in der Rechten ehemals ein Scepter getragen zu haben scheint, wird von dem segnenden Heilande und einem Engel gemeinsam die Krone aufgesetzt. Zwei zu beiden Seiten stehende Engel tragen ebenfalls Kronen ; hinter dem ersten bilden zwei Bäumchen, von denen dasjenige links ein Vogelpaar beherbergt, den Abschluss der Darstellung. In den Archivolten befinden sich, und zwar in der ersten, huldigende Engel, zwei derselben tragen Opferschalen, vier Kronen und zwei Weihrauchfässer ; in der zweiten Engelgestalten mit den Geräthen kirchlicher Feier für Weihwasser und Salböl, dem Ritualbuch, Kelch, Patene und Leuchtern ; in den fernern Laubwerk. Spuren von Bemalung sind auch hier erkennbar und übertrifft dieses Portal in glücklicher Anordnung und Anmuth der Darstellung das äussere der Westseite (Taf. LIX. 1. 2), mit dem es die gleiche Bedeutung eines Hauptwerkes des zur Herrschaft gelangenden neuen germanischen Stiles gemein hat.[57]

2.

Grabdenkmal des Erzbischofs Jacob von Syrk († 1456), eine vortreffliche Sculptur des in Lebensgrösse auf seinem Sarcofage ruhenden Kirchenfürsten. Die umrandende Schrift lautet :

> Trevir Sirk Jacobus vim Praesul origine passus
> Sublimor tumba, subrodor en anguibus umbra.
> Hostes compegi. procerum consulta redegi.
> Clerum celavi, discordes pace beavi.
> Caesar, apex, galle, Siculum, Rex, Rene, scis Itale,
> Palladiis, Trebatum nequit temerarius ausum
> Germauo, Pallatiolo labaseo sepulcro.[58]

Früherhin befand sich das Denkmal vor dem Hochaltar der Liebfrauenkirche, wurde dann leichtfertig abgebrochen und in den Kreuzgang beseitigt, aus dem es anstatt an seine ihm gebührende ursprüngliche Stelle in das ganz unzugängliche sogenannte bischöfliche Museum gelangte.

---

56. Beim Worte Johannes geht die Schrift in die innere Zeile über.

57. Schmidt l. c. p. 32. Ein drittes nur mit Weinlaub verziertes auch ehemals bemaltes Portal, ähnlich dem bei Moller abgebildeten zu Marburg, findet sich bei Schmidt unter Nr. 8.

58. Bärsch, Moselstrom 1841 p. 179 hat zelavi . nequiit . labesco . sepulchro.

3. 3a—3e.

Tragaltar d. h. Willibrord in der Liebfrauenkirche 19″ l., 8¼″ h., 8″ br. Der rechteckige Kasten von Eichenholz ruht auf vier klauenförmigen Füssen von vergoldetem Kupfer, ist bekleidet mit getriebenem, ehemals vergoldetem Silberblech, sechs geschnitzten Elfenbeinplatten, Leisten emaillirten und vergoldeten Kupfers und öffnet sich durch Hinwegnahme des Bodens. Die Deckelfläche enthält in der Mitte einen Altarstein von Labradorporphyr, eingefasst von dem getriebenem Ornamentband 3 d und der Inschrift:

† HOC ALTARE BEATVS VVILLIBRORDVS IN HONORE DN̄ † (domini) SAL-
VATORIS CONSECRAVIT. SVPRA QVOD IN ITINERE MISSARVM OBLA-
TIONES DŌ (domino) OFFERRE CONSVEVIT. IN QVO CONTINETVR DE
LIGNO CRVCIS XPICTI. ET DE SVDARIO CAPITIS IPSIVS †

Eine zweite wie die erstere in vergoldeten Buchstaben auf braun emaillirten Leisten ausgeführte Inschrift umrandet doppelt den gesammten Deckel und lautet:

IN HAC SCV̄ARII (sanctuarii) ARCVLA CONTINETVR SC̄E (sancte) DĪ (dei)
GENITRIC̄ (is) MARIE VESTIS PARS ALIQVA. CAPVT ET BRACHIV̄ (m)
CV̄ (m) COSTIS SC̄I PONTIANI (martyris, de cor) PORE·S·STEPHANI PROTOMR·
VINCENTII· CIRIACI STEPHANI· PP̄· MAVRICII ·: FELICIS PP̄· NEMESII·
ABVNDI DIAC̄·M̄ (disconi martyris) CPOMATII· M̄· (martyris) FLORIANI· SC̄F̄.
(Sanctorum Confessorum) MEDARDI. FRONIMII·SVMEON̄ (Symeonis) HEREM̄·
(heremitae) FLODOLFI·CELSI·

INTVITV̄ (m) FLECTES· VENIE QVO GAVDIA SPERES
DVCENS ID VILE·ME DIGNĀ (m) LAVDIS HONORE·
IN ME MAGNIFICA·POCIVS VENERANDO REPOSTA·
QVE LVCENT MERITIS DIVINO NVMINE (claris)
HORV̄ (m) MIRIFICIS·C̄(on) TEMPTA MORTE TRIVMPHIS·
VICTRICES ANIME·SC̄ORV̄ (sanctorum) GLORIFICATE·
VIRTVTV̄ (m) STOLIS·XPM COMITANT̄ (Christum comitantur) IN ALBIS·
QV̄E SIBI PERPETVĀ· (m) VITE MERVERE CORONĀ· (m)

Neben den Langseiten des Altarsteins sind jederseitig ein getriebener silbervergoldeter Ornamentstreifen aufgelegt (3 e), welche sich unter die an beiden Enden der Deckelfläche späterhin aufgelegten getriebenen Reliefs verlieren. Das eine der letztern (3 b) stellt die stehende Mutter Gottes inmitten zweier Heiligen, die man für Stephanus und Palmatius ausgibt[59], das andere in sitzenden Figuren, den Heiland inmitten Petrus und Paulus dar. Die beiden hintern Ecken des Deckels trugen ehemals zwei aufgesteckte geschnittene Crystall-Leuchterchen, welche in natürl. Grösse die Abbildung 3 e zeigt.[60] Neuer und noch spä-

---

59. Nach Masenius bei Marx II. 1. p. 245 seiner Gesch. d. Erzstifts Trier.
60. Dieselben sind leider verloren gegangen. Chr. Schmidt zeichnete sie noch im Jahre 1851.

tere Zuthat als die Deckelreliefs sind die beiden dem letzten Mittelalter angehörigen vergoldeten Silberreliefs der Schmalseiten: einerseits in dicken wulstigen Figuren der segnende Heiland mit Maria und einem Märtyrer, andrerseits durch ein gothisches Schriftband bezeichnet, der h. Benedict und ein Bischof.⁶¹ Ersteres umrandet ein gravirtes Metallband, welches das Muster von der ältern Umrandung (émail brun peint) des zweiten Reliefs nachahmt. Intakt sind nur die beiden Langseiten. Beide theilen sich durch einen erhöhten Rahmen in drei vertiefte Felder. Den Rahmen bekleidet in der Abschrägung ein getriebenes, auf der Fläche ein in émail peint golden und braun aufgemaltes kupfernes Ornamentband, dessen Schneidepunkte getriebene silberne Brustbilder von Heiligen einnehmen. Die Felder füllen in den Mitten Elfenbeinreliefs mit in Tusche beigemalten nur theilweise noch sichtbaren Inschriften, bei den vier äussern seitlich noch in Silber getriebene Halbfiguren von Heiligen. Die Elfenbeinplatte des Mittelfeldes der Vorderseite (3) stellt die stehende Gestalt der Mutter Gottes mit dem Kinde dar, deren Nimbus Michael und Gabriel halten mit der Beischrift: OΛP MΙ und OΛP ΓΛBP. Darunter stand (jetzt fast verlöscht): M̃P Θ̃Υ (μήτηρ θεοῦ). An der entsprechenden Stelle auf der Rückseite vergegenwärtigt eine doppelt so grosse Tafel (3a) den Tod der Maria, wobei Christus die Seele der Gestorbenen in Gestalt eines Kindes in Empfang nimmt, um sie den herabschwebenden Engeln zum Emportragen in den Himmel zu übergehen.⁶² Die übrigen vier Elfenbeintafeln zeigen vorn je drei Brustbilder nimbirter Heiligen mit Büchern und den Inschriften:

O ΛΓΙΟΣ ΠΑΥΛΟΣ. O ΛΓΙΟΣ ΛΟΥΚΑΣ. O ΛΓΙΟΣ ΧΑΡΑΛΑΜΠΙΟΣ. O ΛΓΙΟΣ ΠΕΤΡΟΣ. O ΛΓΙΟΣ ΜΑΤΘΕΟΣ. O ΛΓΙΟΣ ΝΙΚΩΛΛΟΣ.

von denen Charolampios u. Nicolaos als Bischöfe das mit Kreuzen verzierte Pallium tragen; hinten je zwei Brustbilder nimbirter, Bücher tragender, mit Pallien bekleideter Bischöfe, mit den Namen:

O ΛΓΙΟΣ ΝΙΚΩΛΛΟΣ. O ΛΓΙΟΣ. BΛCΗΛΗΟΣ O ΛΓΙΟΣ ΓΡΗΙΩΡΙΟΣ. O ΛΓΙΟΣ ΙΩ. O ☧ (d. h. Joh. Chrysostomus).

Nehen den Elfenbeinreliefs dieser vier letzten Felder schauen wir in getriebenem Silber die Brustbilder folgender beigeschriebenen Trierschen Bischöfe, und zwar vorne S̄. Magneric(us), S̄. Felicissim(us), S̄. Basin(us), S̄. Marus, S̄. Severin(us), S̄. Nicet(ius), S̄. Bonos(us),

---

61. Marx gibt den Märtyrer für Johannes, den Bischof für Basilius und die drei zwischen letzterm und Benedict angebrachten in gothische Rosetten gefassten Edelsteine für die Symbole der drei Ordensgelübde aus', wozu in der Darstellung selbst keinerlei Kennzeichen liegen.
62. Ein aus demselben Typus hervorgegangenes Exemplar dieser Darstellung auf einem Elfenbeinrelief gleicher Zeit im Museum zu Darmstadt zeigt die Seele in Kindesgestalt zweimal, nämlich zunächst in den Armen des Heilandes, dann von einem Engel emporgetragen. Ein drittes Exemplar besitzt das Musée Cluny in Paris (No. 396), ein viertes das Museum zu Cöln, ein fünftes brachten die Mitth. d. K. K. Central-Commission VII. p. 142, ein sechstes ist bei Gori, Thesaurus diptychorum III, Taf. XLII.; vgl. auch daselbst IV. Taf. XV. Wie wir schon bei Besprechung einer andern Elfenbeintafel (Bonner Jahrb. XLIV p. 204) hervorhoben, sind in den frühromanischen Elfenbeinarbeiten einmal zur Geltung gekommene Darstellungen handwerksmässig wiederholt worden. — Die griech. Tuschbeischriften der Elfenbeintafeln sind wegen ihres nur noch theilweisen Vorhandenseins auf der Abbildung weggelassen. Sie erscheinen theilweise irrig bei Schmidt l. c. Taf. 35.

S̄. Legoni(ius), S. Vincent(ius), S. Modovvald(us), S. Nicolaus, S̄. Martin(us); hinten: S̄. Agricius, S̄. Maximinus, S̄. Paulin'(us) S̄. Felix, S̄. Alexand(er) PP. S̄. Sever'(us).[63]

Der Tragaltar des h. Willibrord gehört, mit Ausnahme der später zugefügten Reliefs des Deckels und der Schmalseiten, wahrscheinlich der zweiten Hälfte des 11. Jahrhunderts an, denn dahin deuten der Charakter sich entwickelnder noch roher Ursprünglichkeit in den getriebenen, wie in den nach byzantinischen Vorbildern, wol in Trier selbst gearbeiteten Elfenbein-Reliefs.[64] Frühere Zeit anzunehmen gestattet schon das Vorkommen der Reliquien des 1035 erst gestorbenen Eremiten Symeon nicht; ja die Inschriften der Bänder wie Reliefs sind sogar schon in jener Capitalschrift geschrieben, die man durchgängig dem 12. Jahrhundert zuschreibt.[65] Abgesehen von dieser durch den Charakter der Arbeit bedingten Datirung weist auch ausser der Benennung des Schreins in der ersten Inschrift, welche von Willibrord als einem Verstorbenen (beatus) redet, nichts auf die Person des Letztern; es sind vielmehr die beiden Hauptbilder der Mutter Gottes geweiht und dieser die Hauptreliquien angehörig, in deren Kloster auch der Tragaltar sich befand. Darin liegt wol eine Hindeutung, dass von dem ursprünglichen Willibrordaltar nur ein Theil des Reliquieninhaltes und vielleicht der Stein, dessen geringe Dimensionen schon an und für sich auf ein ursprünglich kleineres Werk schliessen lassen,[66] in den jetzigen zu Ehren der Mutter Gottes als Patronin des das Kunstwerk besitzenden Marienklosters[67] angefertigten Behälter übergegangen sind.[68]

63. Vorne ist das Brustbild des h. Martin fortgerissen, hinten das des h. Agricius und des h. Maximin, wie auch die beiden letzten sammt ihren Namen. Diese gibt Marx (offenbar nach Oehmbs und van Hecke) als Sylvester und Cyrillus an. Zu bemerken bleibt noch, dass die vordern Namens-Beischriften vertical, die hintern horizontal stehen. Der h. Nicolaus erscheint, wie ersichtlich, mehrmals.

64. Auf die byzantinischen Vorbilder der Elfenbeinreliefs deuten ausser den griechischen Beischriften u. dem allgemeinen Charakter, besonders die verdeckten Hände der Engel.

65. Z. B. auch hinsichtlich des häufigen Vorkommens des runden und viereckigen e (in der Art wie an den Inschriften des in der zweiten Hälfte des 12. Jahrh. entst. Annoschreins (Taf. XLV), der Herstellung der Buchstaben in émail brun peint) entsprechend den Inschriften an dem gleicher Zeit angehörigen Kronleuchter zu Aachen (Taf. XXXV), sowie der Verschlingungen der Abbreviaturen und Buchstabenformen überhaupt. Das abbreviirte e (statt ae) ist überall mit dem üblichen Haken (ę) versehen.

66. Das geometrische Muster der braun emaillirten Ornamentstreifen kommt in seinem Motiv auch am Steinsarg des h. Willibrord zu Echternach (Publ. d. l. Soc. d. Luxembourg t. XVII p. 183) vor, ist indess so einfach, dass es zu allen Zeiten und bei allen Völkern vorkommen kann, und lässt deshalb nur allenfalls den Schluss einer Copie vom ältern auf das neuere Werk zu.

67. Der in einem ungedruckten Schatzverzeichniss des Marienklosters, welches sich in einer dem 10. Jahrh. angehörigen Evangelienhandschrift des Hrn. Dompropstes Dr. Holzer zu Trier befindet, vorkommende Tragaltar kann, falls er der Willibrordaltar sein soll, was nicht gesagt ist, nur der ältere sein. Aus dem Marienkloster kam das jetzige Denkmal 1806 in die Liebfrauenkirche und wurde damals vom Canonicus Oehmbs beschrieben. Diese Beschreibung befindet sich abgedruckt im geistlichen Amtsanzeiger der Diöcese Trier 1857 Nr. 9—14. Vergl. Brower II p. 364 u. Kraus Jahrb. XXXVIII p. 36.

68. In der Liebfrauenkirche befinden sich ausserdem ein handwerksmäss. h. Grab von 1530; eine 2' 10''' hohe goth. Monstranz, inschriftlich von Maximin Pollein gestiftet, und eine grosse Anzahl später Grabdenkm., unter welchen diejenigen zweier Geistlichen im Paradies

Taf. LXI.

1.

Getriebene Relief-Figur aus Rothkupfer gleicher Grösse des thronenden Apostels Petrus mit Schlüsseln und Buch im Domschatz zu Trier. Die vertieften Gravuren scheinen zur Aufnahme von Emaille bestimmt gewesen zu sein. 12. Jahrhundert.[69]

2. 2a. 3.

Ring, Kelch und Patene gleicher Grösse von Gold aus dem Grabe des 1047 gestorbenen Erzbischofs Poppo von Trier. Die Gebeine des Erzbischofs Poppo wurden 1803 mit denen des h. Symeon aus der nach Letzterm benannten Kirche innerhalb der Porta nigra nach der Gervasiuskirche translocirt.

4.

Steinsculptur einer doppeltgeschwänzten Sirene aus dem Museum der Porta nigra. 33″ hoch. Frühromanisch.

5.

Steinsculpturen des segnenden Heilandes mit dem Buche, worin Ego sum A ω verzeichnet steht, und des ebenfalls, aber mit flacher Hand, segnenden Apostels Paulus, dessen Linke den Rest eines Schwertes hält. Museum der Porta nigra. 11. Jahrh. Höhe 26″.

6.

Thürsturz mit flachen Sculpturen, rechts eines Trauben pflückenden Mannes. Museum der Porta nigra. Frühromanisch. 5′ 9″ lang und 2′ 2″ hoch.

7.

Bogenfeld eines kleinen Portals mit der Darstellung der Verkündigung und zweier geistlichen Donatoren, von denen der eine gemäss seines Hirtenstabes ein Bischof ist. Grösse 4′ 11″ lang und 4′ hoch. Museum der Porta nigra. Frühgothisch. 13. Jahrhundert.[70]

8.

Altchristlicher Sarkofag von Sandstein, 6′ 11″ lang, 2′ 7″ breit, in den achtziger Jahren des vorigen Jahrhunderts hei S. Mathias gefunden, zuerst im Besitze der Gräflich Kesselstatt'schen Familie und jetzt Eigenthum der Gesellschaft für nützliche Forschungen. Figürlichen Schmuck zeigt nur die Vorderseite, und zwar in ziemlich rohem Relief aber geschickter Anordnung, an den Enden zwei mit Blumenwinden beschäftigte, auf umgestürzten Körben sitzende Sclaven, bekleidet mit enganschliessenden Tuniken, in der Mitte die Arche als Vorbild der Auferstehung. Noah begrüsst mit aufgehobener Rechten, umgeben von

von 1504 und 1628, wie dasjenige des Domprobstes Hugo Kratz von Scharfenstein zumeist beachtenswerth sind. Letzteres, ein Werk des reichen ital. Manierismus des 17. Jahrh., ist eine Arbeit von Joh. Ruprecht Hofmann.

69. Vergl. d. Mitth. d. hist.-archäol. Ver. zu Trier I p. 133, wonach das Relief am Dom ausgegraben wurde, und ein gleiches aber emaillirtes Exemplar sich bei Texier, Essai sur les Emailleurs de Limoges. Poitiers 1843, befindet.

70. Für das für Trier so interessante Museum römischer wie christlicher Alterthümer in der Porta nigra giebt es ein 1863 in Trier gedrucktes Verzeichniss. Zu unserer Lünette gehört eine zweite mit der Darstellung der von zwei Donatoren verehrten Muttergottes mit dem Kinde (No. 127 u. 128).

seinen drei Söhnen, die mit dem Oelzweige wiederkehrende Taube; hinter ihm stehen sein
Weib, in ihrer Alterswürde durch das über den Kopf gezogene Gewand gekennzeichnet,
und die drei Schwiegertöchter. Von den auf der Arche angebrachten Thieren ist der Storch
nur in den weichen Stein eingerissen; ebenso die Thüre an der vordern Schmalseite, das
Bein des rechten und die hintere Hand des linken Sclaven.[71]

9.

Deckel in halber Grösse des Codex aureus in der Stadtbibliothek zu Trier, eines Evangeliars, welches von der 809 gestorbenen und im Kloster S. Maximin begrabenen Schwester
Carl d. Gr., Ada, letzterm Kloster geschenkt wurde.[72]   Die Mitte schmückt ein 3 u. 3¼″
grosser antiker Onyx, auf dem im Vordergrunde zwei grossartig gestellte Adler und hinter
einer Brüstung fünf Brustbilder einer kaiserlichen, wahrscheinlich der augusteischen Familie
erscheinen.[73]   Der übrige Deckelschmuck gehört nach der in der untern Mitte angebrachten
Inscbrift: Hanc tabulam fieri fecit abbas Otto de Elten anno dn̄i HCCCCXCIX (1499)[74]
dem Schlusse des 15. Jahrh. an; er enthält in gesonderten viereckigen Feldern die fast
rund gearbeiteten silbernen zumeist vergoldeten Statuetten der vier geflügelten Evangelistensymbole, gekennzeichnet durch ihre Köpfe und Schriftbänder. Dieselben befinden sich in den
Ecken unter gothischen Baldachinen und zwar oben der Evangelist Johannes u. S. Maximin
mit dem neben ihm knieenden, durch sein Wappen gekennzeichneten Donator Abt Otto von
Elten, unten die Bischöfe S. Agricius u. S. Etsiczi'(us), letzterer mit einem knieenden
geharnischten Ritter zur Seite.[75]   Der ganze Deckel wie die einzelnen Felder werden um-
rahmt von einem mit bunten Halbedelsteinen geschmückten vergoldeten Ornamentbande. Die
Hintergründe der einzelnen Felder sind mit gravirter Musterung versehen und vergoldet, und
zur Erzielung eines glänzenden Effectes einzelne Parthien der Figuren und Verzierungen
theils in der Silberfarbe belassen, theils vergoldet.

---

71. Braun, Erklärung eines antiken Sarkofags. Bonner Winckelmannsprogr. für 1850.
72. Am Ende der Handschrift bezeugen dies folgende Verse:
> Hic liber est vitae, paradisi et quatuor amnes,
> Clara salutiferi pandens miracula Christi,
> Quae pius ob nostram voluit fecisse salutem:
> Quem devota Deo iussit praescribere mater
> ADA, ancilla Dei, pulchrisque ornare metallis
> Pro qua quisque legas versus, orare memento.
73. Darauf deutete die Vortrefflichkeit des ¹/₈″ tief in drei Farbenlagen — einer untern
    braunen, einer mittlern weissen und einer obern nur theilweise beibehaltenen braunen —
    geschnittenen Steines und die Aehnlichkeit mit andern geschnittenen Steinen, z. B. in
    Aschbach's Livia (Schr. d. Wiener Akademie v. 13. März 1863). Die Deutung der Brust-
    bilder auf Ada, Pipin, Carl d. Gr., Bertrada u. Carlmann (Eckhart, Franc. Orient. I p. 577,
    Martene u. Durand, Iter. u. Voyage litteraire de deux Relig. Bened. II 290) hat keinerlei
    Wahrscheinlichkeit.
74. Für M im Worte tabulam und in der Jahreszahl steht H, im erstern Fall mit einem
    Querstrich |᛫| nach unten.
75. Die als Consolen angebrachten Blattkelche beiderseits der vier Eckfiguren trugen wol ehe-
    mals alle kleine Figuren; der Name S. Etsiczius dürfte auf Verschreibung beruhen.

10.

Gravirte Deckel von vergoldetem Kupfer des in der Stadtbibliothek befindlichen Chartulars von Prüm aus dem 11. Jahrh. Auf der Vorderseite erblicken wir den jugendlichen bartlosen thronenden Heiland, seitlich des Hauptes mit A u. ω bezeichnet und auf dem Schoosse ein Buch und Schriftband haltend mit den Worten : Ego diligentes me diligo, und : Venite benedicti patris mei. Gemäss dem Inhalte des Chartulars erscheinen seitlich als Wohlthäter von Prüm, durch ihre Namen bezeichnet: Pipin mit dem Modell der Prümer Klosterkirche und Carl der Grosse mit einem Buche; unterwärts die Bestätigungsurkunden in Händen haltend die vier Nachfolger Carl d. Gr., nämlich Ludwig der Fromme, Lothar, Ludwig der Deutsche und Carl der Kahle mit der Umschrift des 6. Verses aus dem 23. Psalm : Haec est generatio querentium dominum querentium faciem dei Jacob. Auf der Rückseite hält in der Mitte die Hand Gottes ein Schriftband mit den Worten herab : P (per) cipite preparatu(m) vobis regnu(m) ab inicio seculi, seitlich stehen dann oben vier Kaiser, unten vier Könige, also benannt, mit Bestätigungsbullen und Büchern in den Händen; die umrandende Schrift lautet: Hi sunt viri mie̅ qnor(um) iusticie oblivione̅(m) non acceper̅(un)t cu̅(m) semine eor(um) p̱ (per) manent bona haereditas sancta nepotes eoru̅(m). Die Inschriften enthalten den Buchstaben e in runder und viereckiger Form und deuten ebenso wie der Stil der ganzen Arbeit auf das 11. Jahrhundert.

Taf. LXII.
1. 1a—1e.

Kreuzreliquientafel in der Kirche S. Mathias. Die aus einem Kerne von Holz bestehende Tafel ist 28" hoch, 20⅓" breit und hat eine Rahmendicke von 2"; sie dient zur Aufbewahrung von Reliquien, besonders eines Kreuzes aus dem angeblich echten Kreuzesholze und ist zur Verherrlichung ihres Inhaltes prachtvoll ausgeschmückt. Durchgängig mit vergoldetem Kupferblech bekleidet, zeigt die Vorderseite (1) in der Mitte die in einer Vertiefung liegende Kreuzreliquie in der Form eines Doppelkreuzes,[76] reich verziert mit Perlen und Cabochons in den Schneidepunkten der Arme und der umrandenden filigranirten Fassung. Nimmt man von dem Kreuze die Deckleiste hinweg[77] und hebt es durch Benutzung der zu diesem Zwecke gelassenen Grifföffnungen heraus, so erblickt man es seitlich von einem getriebenen silbervergoldeten Blattornamente gefasst, gleich dem, welches auf der Tafel den Tiefraum der Kreuzcassette umgiebt, rückwärts mit reich entwickeltem Filigran und einem ciselirten Rande kleiner Thierbilder in Rankenwerk (1c) geschmückt. Gleichsam bewacht wird das Kreuz durch zwei seitlich des obern Kreuzarmes knieende, Weihrauchfässer schwingende einflüglige Engel von gegossenem vergoldetem Silber; umgeben ist es über dem untern Kreuzbalken von acht, unter demselben von zwölf mit

---

76. Der Raumersparniss wegen zeigt unsere Abbildung nur die obere Hälfte der Kreuztafel, der indess die untere genau entspricht. Die unverkürzte Abbildung findet sich bei Schmidt, Kirchenmöbel Taf. I. u. in m. Schrift über die Limburger Kreuztafel.

77. Die ursprüngliche an den Enden in Charnieren liegende Deckleiste ist verschwunden, und durch eine viel spätere von gravirtem Silber, welche wir weggelassen haben, ersetzt.

Bergcrystallen verschlossenen Cassetten zur Aufnahme von Reliquien.[78] Den reich verzierten erhöhten Rahmen der ganzen Tafel bekleiden auf seiner Oberfläche abwechselnd Emaillen
(émail champlevé. 1 a) und Filigranfelder mit Edelsteinen (meist Cabochons, einige z. B. in
der Mitte oben und unten antike Gemmen, einige mittelalterliche geschnittene Steine[79]) und
Perlen, in der Schräge eiselirtes Laubwerk mit wirklichen und phantastischen Thieren, ähnlich dem an der hintern Kreuzfläche (1c), und eine Leiste in Silber-Niello mit der Inschrift:
† Anno ab incarnatione Domini MCCVII Henricus de Ulmena attulit lignum sc̄e crucis de
civitate Constantinopolitana, et hanc portionem ipsius sacri ligni ecclesie sancti Eucharii
contulit.

Die Dicke des äussern Rahmens bekleidet das kräftig getriebene Ornamentband 1 d, die
Rückseite eine gravirte und vergoldete Kupferplatte (1 e) mit folgenden Darstellungen: in
der Mitte in dem durch besternten Hintergrund angedeuteten Weltraum der von den Symbolen der vier Evangelisten umgebene wiederkehrende thronende Heiland, bärtig, mit der
Rechten segnend, in der Linken das Weltall haltend; oben und unten in Bogennischen
die einzelnen kleinen Figuren der thronenden Muttergottes mit dem segnenden Kinde, des Petrus,
Johannes d. Ev., Maternus, Valerius, Agricius, Nicolaus, Mathias, Eucharius, Kaiser Heinrich, Bischof Lutwinus, Gräfin Jutta, Bischof Everhardus, Abt Jacobus und des Prior Isenbardus. Kaiser Heinrich, wol der III., welcher von hier die Gebeine des h. Valerius erhielt[80] und
wahrscheinlich in Folge dessen reiche Schenkungen für den Kirchenbau spendete, trägt das
Kirchenmodell. Lutwin, Everhard und die Gräfin Jutta halten Scheiben oder Schilde in den
Händen mit den Worten: Ste. M. (Mathias), Poleh (Besitzung in Poleh auf d. Maifeld) und
Cubes A (?), während der Prior Isenbardus erfreut das geschenkte Reliquienkreuz emporhält.

Wer das von Heinrich von Ulmen bei der Eroberung Constantinopels 1204 erbeutete
und dem Kloster Stuben geschenkte Kreuzreliquiar, welches von dort in den Dom zu Trier und
aus diesem in jenen zu Limburg an der Lahn gelangte, gesehen hat, wird sogleich erkennen,
dass wir in der Mathiastafel eine deutsche Nachahmung des byzantinischen Werkes vor uns

---

78. Soweit man die Spruchbänder dieser 20 Reliquien ohne deren Herausnahme lesen kann,
enthalten sie folgende Inschriften:
1) Rel. ma(terni?) Ep. Rel. Agathae virg. (?) Rel. Helene regine. 2) De sepulcro bi
m... 3) Rel. Cirilli Ēp. Rel. Celsi conf. 4) Rel. Johannis et Pauli. Rel Suscii. Rel. Cle-
mentis. 5) Rel. Valerii ēpi. Rel. Materni ēpi. 6) De spina De t.. supͣ gͣ est χ́ (vielleicht
de tabula supra quam est crucifixus. 7) Capillus ma(riae) De cunabilis d(omin)i 8) Rel.
Severo vi(rgin.) Bartholomei. 9) Rel. Stephani nituricii (?) m̄ [10] Rel. Johīs Bapt.
Rel. Andree Ap. 11) Rel. Petri apt. Rel. Pauli apt. 12) Rel. Marci evgl. Barnabe apo(stoli)
13) Rel. Georgii m̄. Rel. Mar..cii m. 14) Dens S. Mathie. 15) āpl. 16) Rel. C(yri)aci m̄.
Stephani pm, 17) Rel. Nicholai ēp. Rel. Ag(r)icii epi̅. 18) Rel. Philippi apl. Mathei apl.
19) Rel: Symonis ap. Rel. Thadei apl. 20) Benedicti abb. Scolastice v(irg).

79. In der Mitte des untern Rahmens befindet sich ein sehr abgeschliffener Onyx (1 b) mit der
Darstellung des den Adler tränkenden Ganymed; oben an der entsprechenden Stelle steht
ein lorbeerbekränzter Imperator. Auch eine Gemme mit kufischer Schrift — wie sie vielfach an Reliquiarien vorkommen — ist zu bemerken.

80. Vergl. p. 72, Anmerk. 13.

haben; [81] aber keine sclavische Nachahmung einer unselbstständigen Kunst tritt uns hier entgegen, sondern eine mit frischem eigenen Gestaltungssinn die gegebenen Motive frei behandelnde Arbeit. So wunderbar und zierlich auch die geperlten Filigran-Netze des byzantinischen Originals erscheinen mögen, die Weiterbildung derselben zu dem mit Blüthen und Aehren vermischten Rankenwerk, z. B. an der Hinterseite unseres Kreuzes, zeigt den kräftigern selbstständig gestaltenden Geist. Ebenso ist es mit den sicheren Linien der Emaillen und den üppigen Ciseluren des Thier- und Pflanzen-Ornamentes in der Schräge des Rahmens, wie den meisterhaften schwungvollen Gravuren der Rückseite. Die Kreuztafel von St. Mathias gewährt deshalb einen glänzenden künstlerischen Beleg des geistigen Aufschwunges vom Anfang des dreizehnten Jahrhunderts, wie auch der hohen Blüthe trierer Werkstätten. [82]

2.

Reliquienkästchen von Elfenbein mit berandenden Leisten von getriebenem und vergoldetem Kupfer in der Sakristei der Mathiaskirche. 13¼″ lang, 8″ hoch. 13. Jahrb. [83]

3.

Relief im Bogenfelde des Neuthores, 6′ 7″ hoch. [84] Der stehende Heiland erhebt die in abendländischer Weise segnende Rechte über Petrus, dessen in der rechten Hand gehaltene Schlüssel die Anfangsbuchstaben seines Namens in den Bärten tragen, die Linke mit dem Evangelienbuch über den Begründer des Christenthums in Trier, den im priesterlichen Costüm mit Sandalen, Stola, Manipeln und Pluviale bekleideten h. Eucharius, welcher das Modell der Stadt empor hält. Alle drei Figuren hatten ehedem, wie es die Nietlöcher erhärten, metallne Nimben; ebenso der Heiland seitlich des Hauptes ein solches A u. ω, Petrus und Eucharius ihre Namensbeischriften, das Bogenfeld die Unterschrift: Sancta treveris und die Umschrift: trevericam plebem Dominus benedicat et urbem. Die Darstellung schliesst sich an die Legende an, dass Trier durch den Apostelschüler Eucharius christianisirt und dem Apostel Petrus die älteste Kirche geweiht wurde, und entspricht den alten

---

81. Wie ja auch die Reliquie selbst in der Inschrift als Theil derjenigen von Constantinopel bezeichnet und also wol von dem Limburger Kreuz entnommen sein wird. Man vergl. m. Schrift über das Limburger Reliquiar.

82 Da Heinrich von Uelmen die Mathias-Platte offenbar Angesichts der aus Constantinopel mitgebrachten Kreuztafel anfertigen liess, so liegt es doch am nächsten, Trier als Werkstatt der Ersteren anzunehmen.

83. In der Sakristei der Mathiaskirche befindet sich noch ein zweites indess weniger reichverziertes ähnliches Elfenbeinkästchen. Als Curiosum sei der gothische Grabstein eines Ritters in ganzer Figur im rechten Schiff der Mathiaskirche erwähnt, der, obgleich dem Stil nach weder ins 13. Jahrhundert gehörig, noch dem Wappen nach von der Familie von Uelmen stammend, doch die — offenbar später willkührlich zugefügte — Bezeichnung eines Epitaphiums Heinrichs von Uelmen trägt. Ein handwerksmässiges Relief von 1666: die Erweckung des h. Maternus, findet man auf dem Altar der Crypta.

84. Erzbischof Johann vollendete um 1200 die Stadtmanern sammt diesem Thore, welches Bärsch, der Moselstrom. Trier 1841. p. 150 in das Jahr 1192 setzt. Vergl. Ladner p. 38 des Jahresber. f. n. Forsch. v. 1853.

Stadtsiegeln.[85] Wir sehen in diesem Werke ebenso wie in der Kreuztafel von St. Mathias eine Schöpfung, die zwar noch unter dem formellen Einflusse des byzantinischen Typus steht — wie ihn das Gefält der Gewänder, die flache Behandlung des Reliefs, die Sitte der verdeckten Hände beim Petrus bekundet — aber zugleich schon durchaus den selbstständig erwachten derben Geist der deutschen Kunst vom Ende des 12. Jahrhunderts ausspricht. Wie es in der Natur einer beginnenden Kunst liegt, bleibt die Technik zurück hinter der grossartigen Conception, die sich ganz besonders in der erhabenen Erregtheit der Figur des Heilandes zeigt.[86]

METTLACH.

Mediolacum, Dorf an der Saar, führt seinen nachweislichen Ursprung auf die angeblich von dem h. Luitwin, einem austrasischen Herzog und spätern Erzbischof von Trier Ende des 7. Jahrh. gegründete Benedictiner-Abtei zurück, welche nach den Bestimmungen des Stifters Eigenthum der trierer Erzbischöfe verblieb. Abt Hezzel errichtete gegen das Jahr 1000 die jetzt noch vorhandene, nach dem Motiv der karolinischen Marienkirche zu Aachen gebaute achteckige Marien- oder Luitwin's-Kapelle.[1]

Taf. LXIII.
1, 1a — 1b.

Kreuzreliquientafel in der katholischen Pfarrkirche zu Mettlach in Form eines Flügelaltars, 14½″ hoch, 22″ breit und 3½″ in der Dicke. Dieselbe ist gleich derjenigen der St. Mathiaskirche in Trier (Taf. LXII, 1) eine in der gleichen Werkstatt entstandene Nachahmung des von Heinrich von Uelmen aus Konstantinopel mitgebrachten Kreuzreliquiars zu Limburg. Diese gleiche Werkstatt der Mettlacher und Trierer Tafel bekundet sofort die typische Aehnlichkeit der Rückseiten. Hier (1a) finden wir wie dort (Taf. LXII, 1e) eine gravirte vergoldete Kupferplatte, auf welcher in gleicher Umrahmung, Stellung, Art und Gefält der Gewandung, in der Mitte der segnende Heiland, umgeben von den Symbolen der vier Evangelisten, und oben wie unten die Wohlthäter der Abtei in Halbfiguren erscheinen.[2] Oben in der Mitte die Trierer dem 10. Jahrh. angehörigen Bischöfe Rupert(us) ēpc. und Ekebert(us) ēpe., ersterer als Wiederhersteller des Klosters mit einem Kirchenmodell, letzterer mit Buch und Stab; diesen zur Seite links die Aebte Folcold(us) Abbs,[3] das Bild eines

85. Vergl. p. 90, Anmerk. 51.
86. Wyttenbach, Forsch. über die röm. Alterth. 2. Aufl. 1841. Abbildungen theilweise mit irrigen Bemerkungen bei Förster, Caumont u. Didron u. s. w.
 1. Beyer u. Eltester, Urkundenbuch II p. CLXXX. Interessante Architekturreste der abgebrochenen romanischen Klosterkirche besitzt der jetzige Inhaber des Klosters Herr Boch-Buschmann.
 2. Dass die typische Aehnlichkeit im Allgemeinen, Abweichungen im Einzelnen nicht ausschliesst ist selbstverständlich, so stehen z. B. die Füsse des Heilandes hier auf dem Regenbogen, hingegen bei der Mathiastafel auf dem Thronschemel, fehlen hier die Sterne u. Verzierungen des Hintergrundes u. s. w.
 3. Folcold lebte um 1050. Losma ist Losheim und kommt im Güterverzeichniss von Mettlach bei Beyer II p. 339 vor.

mit einer Zinnenmauer umgebenen, unterwärts Losma benannten Hauses tragend, und Rutwic̈(us) abs mit dem Abtstabe, Restaurator loci benannt;[4] rechts Johs abas[5] und ein unbenannter Cleriker, welche gemeinsam einen mit einem Zinnenthor versehenen, ein Haus umschliessenden Mauerring tragen, also wol einen neuen Klosterbau veranlassten oder ähnlich dem Abte Foleold als Schenker einer Villa auftreten. Unten entsprechen diesen Clerikern vier Ehepaare, welche ihre Geschenke in Gestalt von Mauerkreisen mit Thoren darreichen, nämlich Gerwin'(us) et Cunza, die Eltern des h. Luitwin mit der Schenkung Obeliilga (Ebelingen), dann Stephan'(us) u. Bernowida; ferner Udo Comes u. seine Ehegattin Matgunt, zuletzt Folmar'(us) et Berta, die urkundlich 995 auftritt, mit den Schenkungen von Udera (Oudern), Gedsceit, Walamunsī (Walmünster) u. Rodena (Roden). Als Geschenkgeber des Schreins treten dann noch zu Füssen des Heilandes, das im Schreine bewahrte Doppelkreuz emporhaltend, Benedict(us) custos u. Wilhelmus Cler̄(icus) auf. Ersterer dürfte dem Anfange des 13. Jahrhunderts angehören, da unter dem Abte Johann um 1220, also in der Zeit, der wir die Entstehung des Kunstwerkes zuschreiben müssen, urkundlich ein Benedictus Custos lebte.[6] — Entsprechend der Rückwand des Mittelfeldes sind auf den Rück- oder vielmehr Aussen-Seiten der Flügel in denselben Gravuren oben die Verkündigung, unten die Anbetung der 3 Könige in charakteristischer Bewegung dargestellt. — Betrachten wir das Innere des aufgeschlagenen Reliquiars, so begegnet uns in der Mitte das eingelegte und herausnehmbare mit vergoldetem Silber bekleidete Partikelkreuz. Dasselbe ist auf der Rückwand rundum filigranirt, an den Dickseiten von demselben getriebenen Blattornamente, welches den Innenrahmen umrandet, verziert, oben mit reichem geblümtem und von Edelsteinen durchsetztem Filigran eingefasst und in der für die Sichtbarkeit der Reliquie offen gelassenen Mittelfläche von einem spätern in Charnieren befestigten cordonnirten Kreuz verdeckt, an dem der Gekreuzigte in kleiner, alter, nach rechts ausgebogener Bildung und übereinander geschlagenen Füssen erscheint. In 12 Cassetten unter und 8 solchen über den untern Kreuzarmen befinden sich

---

4. Ruotwig war der erste Abt, den Erzbischof Rupert nach Wiederherstellung des Klosters einsetzte.

5. Abt Johannes lebte Aufangs des 13. Jahrhunderts und schenkte nach einer Notiz in einem Verzeichniss der Aebte dem Kloster „la terre de Bema."

6. In No. 80 u. 81 des Chartulars v. 1488 im Besitze des Herrn Boch-Buschmann. In der Mittheilung von Cohansen's bei Quast u Otte, Zeitschr. f. chr. Archäol. I p. 230 ff., in welcher das kleine Denkmal überhaupt seine erste Besprechung und dessen Rückseite die erste abbildliche Veröffentlichung fand, wird in dem letzten Cleriker, der mit dem Abte Johannes zusammengestellt ist, eine zweite Darstellung des Wilhelmus clericus vermuthet und die hier fehlende Namensbezeichnung damit begründet, dass der bescheidene Künstler sich nicht zweimal habe nennen wollen. — Beiläufig sei hier eines Roericus v. Bizzendorf erwähnt, der 1126 ein bedeutendes Vermächtniss zur Anfertigung eines Reliquiars machte. In der Pfarrkirche zu Mettlach findet man ausserdem zwei in Silberblech getriebene Arme mit Reliquien aus dem XV. Jahrh.; einen kesselförmigen 5" u. 6" messenden Becher von Cocosnuss auf drei silbernen Adlerfängen u. mit silbernen Bändern, auf welchen sich die Inschrift befindet: In hoc vasculo beatus Lutwinus archi-epus Trev. bibere solebat † qui fuit fundator hujus monasterii.

ähnlich wie in den Behältnissen von Limburg und S. Matbias Reliquien. Kleine Thüren, auf welchen in deutscher Kupferemaille in blauen weissumrandeten Feldern, vergoldete, gravirte und in den Gravuren nebt eingeriebene Figuren angebracht sind, und zwar zwischen den Kreuzarmen zwei knieende, wie auf der Mathiastafel Rauchfässer schwingende Engel, darüber die Halbfiguren der Sonne als emporschauender Jüngling mit einem Flammenbündel und des Mondes als eine sich verhüllende, die Sichel in verdeckter Hand tragende Frau, S. Maria, S. Johannes der Täufer, S. Agatha, S. Dyonysus $\overline{e}pc.$ und die 12 Apostel, verschliessen die kleinen Behälter. — Hoch getriebene Gestalten des $\overline{Sc}s.$ Petr. $a\overline{p}ls$ u. Scs Lutwin von vergoldetem Kupfer füllen die innern Flügel. Umrandet werden letztere sammt der Mitteltafel nach Innen von einer mit bunten Glasflüssen versetzten, aus dem bisherigen Filigran weiter entwickelten blumenartigen Zierleiste, nach Aussen von einem ciselirten Blattornamente, wie es ähnlich an dem Andreasreliquiar (Taf. LVII. 1) und an der Mathiastafel vorkommt. Die gravirte Bekleidung der Rahmendicke (1 b) deutet schon auf gothische Ornamentation. Die Arbeit ist derb und charakteristisch, indessen später und weniger sorgfältig als diejenige der Mathiastafel.

PACHTEN.

Pfarrdorf im Kreise Sarlouis.

2.

Thürsturz aus rothem Sandstein der im Kirchthurme befindlichen inneren Thüre mit der Reliefdarstellung eines Mannes, der sich durch Vorhalten von Kreuz und Evangelienbuch gegen einen Centauren und einen Drachen, welcher letztere, wie der noch im Rachen ersichtliche Kopf bezeigt, so eben einen andern Menschen verschlang, zu schützen sucht. Man würde an und für sich ohne Weiteres diese rohe symbolische Darstellung des Kampfes des Christenthums gegen Unglauben und Laster in frühromanische Zeit setzen, ersieht aber aus der nachweislichen Entstehungszeit im 14. Jahrhundert, dass hier entweder der Fall eines bewussten Archaïsmus oder langer Nachdauer älterer Anschauungen vorliegt. [1]

ST. WENDEL,

eine auf römischem Boden [1] befindliche kleine Stadt, welche Namen und Entstehung auf den h. Wendelinus zurückführt, um dessen Grab sich seit dem 8. Jahrhundert eine Ortschaft bildete, die in zunehmender Bedeutung im 14. Jahrhundert Balduin v. Trier für sein Erzstift gewann. [2]

3.

Im Sechseck angelegte, ungefähr 9′ hohe, gothische Steinkanzel aus dem 15. Jahrh.

1. Jahresber. f. n. Forsch. II p. 100; Reichensperger Schriften p. 83. Anmerk.

1. Erster Bericht des Vereins f. Erforschung und Sammlung v. Alterthümern in dem Kr St. Wendel u. Ottweiler. 1839.

2. J. Bettingen, Gesch. der Stadt und des Amtes St. Wendel. 1865. Hontheim, Prodrom. I. 370 u. s. w.

in der kathol. Pfarrkirche. Diese p. 59 schon erwähnte, denjenigen zu S. Goar und Moselweis ähnliche Kanzel ward vom Kardinal Cusanus gestiftet; wie sein Wappen, der Krebs mit dem Cardinalshute darüber, auf einem der sechs Felder des Gehäuses bezeugt. Die übrigen vier sichtbaren Felder, das sechste lehnt sich gegen den Pfeiler, enthalten die Jahreszahl anno domini m'cccc'lxii (1462), 2 Engel mit Wappen und eine Thierfigur.[3]

4.

Monstranz von Silber 3' hoch, bis auf einzelne des Effektes halber in der Silberfarbe belassene Verzierungen vergoldet und bemerkenswerth durch ihre seltene Form. Die Rückseite enthält gravirte Arabesken (4 a u. b) in vegetabilischem Charakter.[4]

---

3. Schmidt, Baudenkmale III Lief. p. 34.

4. In der Kirche zu S. Wendel befinden sich 5 lebensgrosse handwerksmässige Grabsteine aus der Mitte des 16. u. dem 17. Jahrh.; ein ebensolches h. Grab aus derselben Zeit und zwei Steinsarkofage rund herum mit Heiligenfiguren in goth. Blenden vom Ende des 14. u. 15. Jahrh. Der ältere enthielt früher die Gebeine des h. Wendelin u. dient nunmehr zum Altartisch und trägt folgende Inschrift:

Hoc sub sarcophago Wandlini carnis imago
Est transformata, sed in ossibus inde levata,
Capsis conclusus in templo sanctus ad nsus
Est hic praesenti mundo tristique dolenti.
Qui semper signa facit ac miracula digna,
Nos prece Sanctorum choris jungatque polorum.

Der jüngere steht auf zwei Pfeilern hinter dem Altare, hat keine Inschrift und umschliesst nunmehr die Ueberreste Wendelins. Auf demselben befindet sich eine charakteristische Figur eines stehenden Pilgers in Gelbguss des 16. Jahrh. Man vergl. p. 35 des Jahresber. d. Ges. für nützl. Forsch. zu Trier vom Jahre 1859.

Berichtigung.

Pag. 17 Zeile 3 l.: Länge von 5′ statt 2′ 4″.

„ 78 „ 19 l.: conseeratum statt conservatum.

„ 80 „ 7 u. 8 l.: Deckel trägt auf seiner Mitte in.